EL NIÑO Y SU MUNDO
- - - - - - - - - - - - - - - - - - - -

Los gestos del bebé

Cómo hablar con tu hijo antes de que él sepa hablar

Linda Acredolo
Susan Goodwyn

ONIRO

Título original: *Baby Signs*
Publicado en inglés por Contemporary Books
An imprint of NTC/Contemporary Publishing Company

Traducción de Claudia Villa de Alba

Diseño de cubierta: Valerio Viano

Fotografía de cubierta: SuperStock, S.L.

Distribución exclusiva:
Ediciones Paidós Ibérica, S.A.
Mariano Cubí 92 – 08021 Barcelona – España
Editorial Paidós, S.A.I.C.F.
Defensa 599 – 1065 Buenos Aires – Argentina
Editorial Paidós Mexicana, S.A.
Rubén Darío 118, col. Moderna – 03510 México D.F. – México

© 1996 by Linda P. Acredolo and Susan W. Goodwyn
   Publicado por acuerdo con Lennart Sane Agency AB

© 2001 exclusivo de todas las ediciones en lengua española:
   Ediciones Oniro, S.A.
   Muntaner 261, 3.º 2.ª – 08021 Barcelona – España
   (e-mail:oniro@ncsa.es)

ISBN: 84-95456-38-9
Depósito legal: B-47.298-2000

Impreso en Hurope, S.L.
Lima, 3 bis – 08030 Barcelona

Impreso en España – *Printed in Spain*

Este libro está dedicado a Kate,
quien abrió nuestros ojos por primera vez a las señales del bebé,
y a Kai, Brandon y Leanne,
que siguieron sus pasos,
haciendo sus propias señales en nuestras casas y
en nuestros corazones.

Índice

Agradecimientos

Nos gustaría dar las gracias, en primer lugar, a las numerosas familias, incluidos padres e hijos, que participaron en nuestros grupos de estudio y talleres a lo largo de los años. Sin sus incansables y creativos esfuerzos con las señales del bebé, y su disposición para compartir su tiempo y sus historias, no habríamos podido conocer las ventajas de las señales del bebé. Tenemos una gran deuda con las familias que nos permitieron incluir fotografías de sus hermosos hijos en este libro.

Nuestro más profundo aprecio también para los estudiantes, que ya son más de un centenar, por sus largas horas de trabajo en nuestro centro, dedicadas a ayudarnos a evaluar los beneficios de las señales del bebé para poder compartirlos con vosotros. Como resulta imposible nombrar a todos y cada uno de los estudiantes individualmente, nos gustaría mencionar especialmente a Lynn Arner-Cross, Amy Fulmer, Jeannie Lee, Carla Andalis, Aimee Sullivan, Brenda Baxter, Terry Wilson, Teri Ouimet, Joyce Humphrey y Cathy Brown, quienes fueron constantes en este proyecto desde los primeros años. También estamos en deuda con el Instituto Nacional para el Desarrollo Humano y la Salud Infantil, que ha subvencionado nuestra investigación, sin lo cual el estudio longitudinal de los efectos de las señales del bebé no hubiese sido posible.

Casi todo lo que sabemos acerca de los beneficios de las señales del bebé en las guarderías lo debemos al continuo esfuerzo de Kathleen Grey, directora del Programa Infantil del Centro de Estudios Infantiles y de la Familia, de la Universidad de California, Davis. El entusiasmo de Kathleen por nuestro trabajo fue espontáneo y conmovedor. Sus constantes referencias al importante papel que las señales del bebé desempeñan en la relación entre cuidador y bebé fueron particularmente beneficiosas, y nos proporcionaron apoyo moral cuando más lo necesitábamos. Junto con Kathleen, su asistente, Pauline Wooliever, fue también de gran ayuda, pues tuvo a su cargo gran parte de la labor diaria del proyecto de las señales del bebé en el centro y siempre estuvo dispuesta a compartir su información y sus experiencias. Por supuesto, todos los esfuerzos de Kathleen y Pauline no habrían servido de mucho sin la participación y el entusiasmo de las familias cuyos bebés asistían a nuestro centro. Estos bebés nos brindaron la prueba de que las señales del bebé pueden y deben ser parte del currículum diario de una guardería.

Nuestra gratitud también para Betsy Amster, nuestra agente literaria, que nos ayudó a dar forma tanto a nuestras ideas como a la redacción de este libro. Su fe en nuestro trabajo nunca flaqueó, y sus acertadas sugerencias, su gran capacidad profesional y su buen humor nos mantuvieron centradas en nuestro proyecto durante todo el proceso.

Un especial agradecimiento para nuestros maridos, Larry y Peter, quienes soportaron junto a nosotras las buenas y las malas. Nada de esto hubiese sido posible sin su paciencia, entusiasmo, apoyo y amor. Algunas semanas, probablemente les parecía que pasábamos más tiempo las dos juntas que con ellos. ¡Y tenían razón!

Por último, quisiéramos dar las gracias a todo el personal y a toda la gente del Café Roma, donde nacieron y se desarrollaron las ideas para realizar este libro. Apreciamos mucho su paciencia cuando saturábamos las mesas y también su tolerancia con nuestras pláticas y materiales de las señales del bebé. Ahora ya saben lo que hemos estado haciendo ¡durante los últimos diez años!

Capítulo 1

Introducción a las señales del bebé

Aunque la pequeña Jennifer, de 13 meses, apenas dice unas pocas palabras, adora los libros. Cuando Mark, su padre, se sienta en el sillón después de cenar, ella se acerca y junta sus manitas, con las palmas hacia arriba, las abre y las cierra. La respuesta inmediata de Mark, «Oh, muy bien, vamos por un libro para leerlo», la entusiasma, y pronto regresa con su libro favorito de animales, se sube al regazo de su padre y empieza a hojear el libro.

Encantada, mira una foto, se roza el pecho con los deditos y mira a su padre con una sonrisa. «Sí, tienes razón, ¡es una cebra!», dice Mark, devolviéndole la sonrisa.

Ante la siguiente página, Jennifer se lleva el dedo a la punta de la nariz haciendo un movimiento de arriba abajo. «Sí, ése es un elefante», dice Mark.

Al pasar las páginas, Jennifer se toca la barriga con ambas manos, echa la cabeza hacia atrás abriendo mucho la boca y se frota las manitas. Sin dudarlo, Mark reconoce que, en cada caso, ella tiene razón: ése es un canguro, ése es un hipopótamo y eso es agua donde está nadando el hipopótamo. Continúan con el libro, con un destello de orgullo en los ojos de ambos.

Analicemos lo que acaba de suceder: Jennifer, de 13 meses, *le dijo* a su padre lo que había en el libro y su padre lo entendió. Sin embargo, ella no utilizó palabras, al menos en el sentido conven-

Casi todo lo que interese a tu hijo es susceptible de convertirse en una señal del bebé; sólo se requiere un simple movimiento del cuerpo y un público receptivo. Aquí, Leanne, de 18 meses, es captada en mitad de una seña, subiendo y bajando el torso para decirnos que acaba de ver un canguro durante su visita al zoo.

cional. En su lugar, Jennifer usó gestos no verbales muy sencillos —señales del bebé—, que ella y su padre habían acordado que significarían *cebra*, *elefante*, *canguro* y las demás cosas hacia las que la pequeña deseaba dirigir la atención de su padre. Con las señales del bebé en su repertorio, Jennifer puede disfrutar momentos con su padre que de otra manera habrían tenido que esperar a que ella supiese hablar. Si se tiene en cuenta la lentitud con que los bebés aprenden a decir palabras sencillas como *agua* y *nene*, tanto más para vocablos como *canguro* y *cebra*, no hay duda de que el resultado de esa espera serían meses y meses de tiempo perdido.

No importa cuán grande o pequeña sea una persona, la comunicación con éxito con los demás hace más agradable la vida. Para los pequeños e indefensos, esto puede ser aún más importante.

Andrew, de 14 meses, se despierta asustado y lloriquea reclamando a Laura, su madre. Cuando ella entra en su habitación y pregunta: «¿Qué pasa, cariño, no te sientes bien?», Andrew se golpea el pecho. «¡Oh, estás asustado!», responde Laura, mientras lo saca de la cuna y lo abraza. «¿Qué pasa, pequeño, has tenido una pesadilla?», le pregunta. La respuesta de Andrew es tocarse la nariz repetidamente, mirando a su madre con ojos bien abiertos. «Ah, es ese payaso que te trajo la abuela. No te gusta tenerlo tan cerca de noche. Está bien, cariño. Vamos a quitarlo para que puedas volver a dormirte.» Cuando Laura lo acuesta otra vez en su cuna, Andrew se lleva el pulgar a los labios y lo mueve de arriba abajo. «¿Quieres algo de beber? Está bien, ahora vengo con un poco de agua.»

Después de quitar el payaso, llevar el agua a su pequeño y darle un último beso, Laura regresa a su cama habiendo superado la crisis rápida y satisfactoriamente.

Considera otra vez lo que la pequeña Jennifer y Andrew tienen en común. La respuesta es: una comunicación con éxito. En ambos casos, el bebé, incluso sin palabras, pudo transmitir un men-

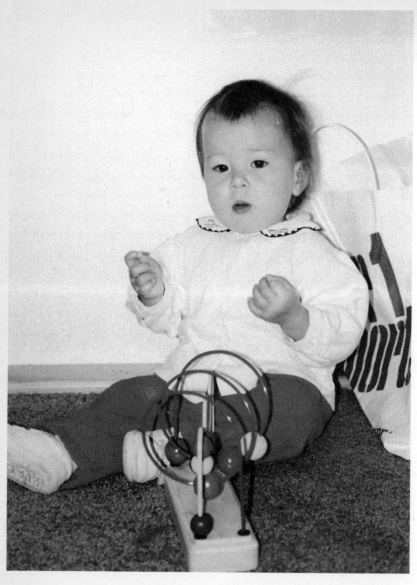

Las señales del bebé para los alimentos preferidos, al igual que para los animales favoritos, tienden a ser muy populares entre los niños. Aquí, Maya, de 12 meses, nos muestra el simple gesto de cerrar el índice y el pulgar, seña que utiliza para pedir cereales tipo Cheerios.

saje y disfrutar la experiencia de ser entendido rápida y correctamente. Intercambios como éstos crean sentimientos de competencia y ayudan a evitar la frustración. A diferencia de muchos bebés de estas edades, Jennifer y Andrew no fueron totalmente dependientes de llorar, señalar o recurrir a un apremiante «¡Uh, uh, uh!» para transmitir su mensaje. Y, al contrario de lo que algunas personas piensan, las experiencias de estos bebés con el lenguaje de las señas no les impiden posteriormente aprender a hablar; de hecho, sus experiencias tienen el efecto contrario, ya que les proporcionan exactamente el tipo de comunicación interpersonal enriquecida que permite un desarrollo del lenguaje *más rápido* en lugar de más lento.

Estos dos ejemplos verdaderos de señales del bebé en acción también nos muestran que los bebés son más listos de lo que suele creerse. Jennifer y Andrew aún no hablan, pero eso no significa que no piensen. Saben perfectamente lo que quieren «decir», y con las señas del bebé pueden hacerlo. Al mismo tiempo, los que los rodean tienen una maravillosa noción de cuanto está pasando por sus cabecitas. Jennifer ha demostrado una comprensión sorprendente del mundo animal, y Andrew ha revelado una habilidad que muchos adultos envidian: la habilidad de etiquetar sus emociones. A diferencia de muchos padres, que tienen que adivinar lo que piensan sus bebés, el padre de Jennifer y la madre de Andrew pueden fácilmente seguir el camino que marcan sus hijos, dirigiendo su atención hacia donde los bebés la necesitan más. ¿Qué padre no aprovecharía esta ventana a la mente de su bebé?

OBJETIVO DE ESTE LIBRO

Con este libro queremos ayudaros, a ti y a tu bebé, a aprender y a aprovechar las ventajas de señales del bebé como éstas. Al igual que Jennifer y Andrew, tu bebé puede fácilmente aprender gestos sencillos para indicar objetos, acontecimientos y necesidades. Con es-

Tristan, de 13 meses, apunta con un dedo al cerdo mientras utiliza otro para aplastarse la nariz, usando su seña del bebé para cerdo. La feria del pueblo fue mucho más divertida para todos una vez que pudo «hablar» de los animales él solo.

tas señas que literalmente surgen en los dedos de tu bebé, la comunicación entre vosotros puede florecer durante esa edad tan difícil entre los 9 y los 30 meses, cuando el deseo de comunicarse de tu bebé es superado por su capacidad para hablar. Al incrementar el número de gestos en el repertorio de tu bebé, los dos podréis «hablar» acerca de más cosas de lo que permitirían sus primeras palabras.

Pero los beneficios no terminan aquí. Diez años de investigación académica sobre las señales del bebé nos han demostrado claramente que la inclusión de estos gestos en el repertorio de un bebé no sólo permite una mejor comunicación, sino que también acelera el proceso de aprender a hablar, estimula el desarrollo intelectual, aumenta la autoestima y fortalece los vínculos entre padres e hijos. Los padres que desean ayudar a sus hijos a tener un buen comienzo, simplemente no pueden equivocarse con las señas del bebé.

¿Y por qué estamos tan seguras de que tu bebé puede hacerlo? La respuesta es simple: en toda una vida de observar bebés y una década de investigación de las señales del bebé, aún no hemos conocido a un bebé que no pudiera hacerlas. ¡Y tampoco lo has hecho tú! Sin pensarlo dos veces, todos los padres enseñan a sus hijos a mover la mano para decir *adiós* cuando alguien se va, y a mover la cabeza de un lado a otro para decir *no* y de arriba abajo para decir *sí*. Pensad en ello. Estos movimientos son señales del bebé, igual que la de Jennifer para *canguro* o la de Andrew para *beber*; cada uno es un gesto simple con un significado específico, consciente o inconscientemente adaptado para el bebé por sus padres. En su ansia por unirse al mundo social que los rodea, los bebés aprenden muy fácilmente los gestos de *adiós* y *no*, a veces muchos meses antes de que puedan decir esas palabras.

Sin embargo, a menudo los padres se detienen ahí, sin darse cuenta del potencial que tendrían sus bebés si usasen señales. Con este libro aprenderás lo fácil que es tomar esta tendencia natural y dar un paso más adelante para abrir un nuevo y excitante canal de comunicación entre tú y tu hijo. *Adiós* puede ser la primera seña que aprenda tu bebé, pero no tiene por qué ser la última.

Un día caluroso en el zoo fue la ocasión para esta fotografía. Kate, de 13 meses, está indicando a su madre, y a la cámara, el canguro que hay en la jaula a su espalda. Era el primer canguro de verdad que veía.

Nuestro primer encuentro con las señales del bebé

En los últimos diez años hemos presentado a cientos de padres, maestros y pediatras las ventajas de las señales del bebé. Invariablemente la respuesta ha sido de asombro ante la simplicidad de nuestros planteamientos y de entusiasmo por los beneficios que describimos. Pero ¿de dónde surgió nuestro propio entusiasmo? ¿Quién nos convenció de que las señas del bebé eran realmente algo especial? Cómo nos tropezamos con el fenómeno de las señales del bebé y por qué creemos firmemente en nuestro mensaje es una larga historia.

Todo empezó de una manera personal cuando una de nosotras (Linda) dio a luz a su hija Kate. En ese tiempo, las dos estábamos muy ocupadas enseñando a estudiantes universitarios y haciendo investigaciones con niños mayores, y teníamos sólo un leve interés por cómo aprenden a hablar los bebés. Todo eso cambió cuando Kate cumplió 12 meses y ocurrieron tres acontecimientos. A ver si adivinas, como nosotras, cómo Kate ideó las señas del bebé que inventó espontáneamente.

Primer acontecimiento: *Kate y Linda estaban en la sala de espera del médico, donde hay un acuario muy grande para mantener entretenidos a los pacientes. Kate corrió hacia el acuario, señalando muy excitada con el dedo, e hizo un gesto de soplido —fu, fu, fu— como si estuviera apagando una vela. Hasta que aprendió a decir «pez», a los 17 meses, este gesto de soplido funcionó perfectamente como una «palabra» de Kate para cualquier pez.*

Segundo acontecimiento: *Kate y Linda estaban fuera en el jardín. Kate señaló una rosa, miró a Linda y olfateó repetidamente. A partir de entonces, hasta que aprendió la palabra «flor», a los 20 meses, el gesto de olfatear fue su «palabra» para flores, fotografías de flores, juguetes de flores, cualquier flor sobre la que ella necesitase «hablar».*

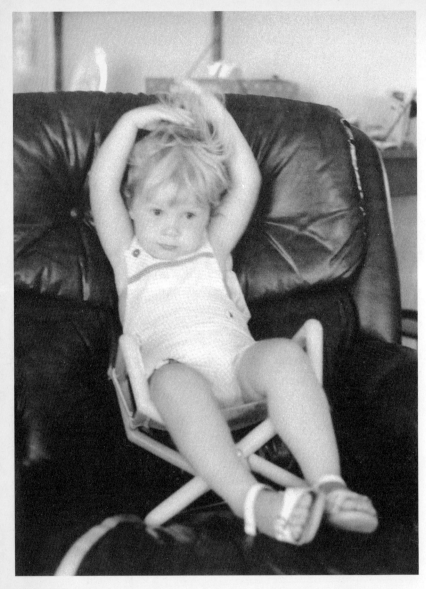

Hipnotizada por Barrio Sésamo, Kate, de 14 meses, identifica a la gallina Caponata con una señal del bebé al poner las manos por encima de la cabeza. También tenía señas para el monstruo de las galletas y para la rana Gustavo.

Tercer acontecimiento: *Cuando se hallaba en la oficina de Linda, Kate vio una araña de patas largas en una esquina. Tomando a Linda de la mano, señaló la araña y juntó los dedos índices en un gesto que claramente era una forma de nombrarla. Con esta «palabra» en su repertorio, Kate se mostró encantada buscando arañas por todas partes, desde la araña más pequeña en la casa hasta la tarántula en el zoo.*

Éstas fueron sólo las primeras señales de Kate. Pero, debido a que aparecieron inesperadamente, nos vimos en la necesidad de esforzarnos para entender y alcanzar a Kate. ¿De dónde vinieron estas señas? Pronto nos dimos cuenta de que cada una se había originado directamente en un juego específico que Kate jugaba con sus seres más queridos. Así ocurrió con la seña de *flor*. Como muchos bebés, Kate había disfrutado de la costumbre de que sus padres olieran una flor y luego se la pusieran bajo la nariz para que ella hiciera lo mismo, al tiempo que decían cosas como «¡Mira la flor, Kate! ¡Qué bonita flor!». Obviamente, Kate recordaba la conexión entre la acción y el objeto, y confiaba en que sus padres también lo hicieran.

Lo mismo pasó con la seña de *araña*. Como parte de una canción de cuna que hablaba de una araña, Kate había aprendido a juntar sus deditos para acompañar la letra de la canción, que dice que la araña «va por la tubería». En sus ansias de hablar acerca del mundo que la rodea, Kate tomó prestada otra vez una seña, en este caso la acción específica que alguien había intentado que aprendiera como parte de esa canción. Y claro que la aprendió, pero su aprendizaje fue mucho más allá de la canción, pues usaba la misma seña para hablar de las arañas de verdad.

Nos fue un poco más difícil detectar de dónde había sacado Kate la acción del soplido para nombrar al *pez*. En su corta vida, casi no había tenido contacto con peces, y en su familia no se comía pescado con mucha frecuencia. Encontramos la respuesta a la hora de acostarla. Una alumna de Linda había regalado a Kate un

Muchas canciones y poemas incluyen movimientos que pueden ser señales del bebé. Aquí, Kate, de 13 meses, hace su señal del bebé para luna *(describiendo un círculo con la palma de la mano) mientras su madre le canta una canción sobre la luna.*

Kate, con unas largas orejas blancas sobre la cabeza, usa su gesto para conejo (extender y flexionar alternativamente un dedito) para decirle a alguien que, en efecto, ella es un conejito.

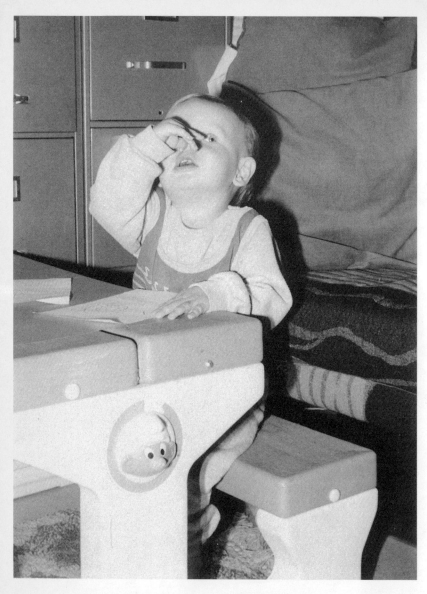

No cabe duda de que los elefantes, con su larga trompa y sus grandes orejas, ejercen fascinación sobre los bebés. Aquí, Kai, de 14 meses, indica el dibujo de un elefante. También usaba este gesto habitualmente para hablar de elefantes de verdad o de juguete.

gracioso móvil para colgar en su cuna, y —sí, acertaste— el móvil se componía de una delicada tira de peces intercalados. «¡Mira los pececitos! ¡Míralos cómo nadan», decía Linda todas las noches, al tiempo que ambas soplaban el móvil por turno. Esta costumbre nocturna tan bien establecida fue todo lo que Kate necesitó para «hablar» de peces de cualquier clase.

Una vez que nos dimos cuenta de lo que Kate intentaba hacer, decidimos ayudarla. ¡Fue muy fácil! Simplemente buscamos acciones para representar objetos que le gustaban: mover un dedo como una culebra para indicar *gusano*, abrir mucho la boca para *hipopótamo*, taparnos la boca con la mano para decir *monstruo de las galletas*, sacudir una mano para indicar que algo está caliente, etc. Ella aprendió estas señales del bebé ávidamente y las utilizaba con la misma alegría que manifestaba para expresar *pez*, *araña* y *flor*. Fue muy interesante comprobar que el uso de estas señas no le impidió aprender palabras. En su entusiasmo por comunicarse, ella usaba cualquier medio a su alcance. Al cabo de poco tiempo, Kate tenía ya 48 palabras y 28 señas del bebé en su repertorio. ¡Era toda una experta en conversación!

Con el tiempo, como sucede con todos los bebés, las palabras le resultaron tan sencillas que simplemente fue eliminando las señas. Aunque sentimos cierta tristeza por su desaparición, fue muy emocionante comprobar que la habilidad lingüística de Kate seguía floreciendo. El uso de señales por parte de Kate fue un buen comienzo. En la misma medida, esta experiencia nos dejó ansiosas por saber si otros bebés también usaban señales.

DE LA OBSERVACIÓN EN EL HOGAR
AL ESTUDIO SISTEMÁTICO

Nuestro primer paso fue entrevistar a padres de familia para averiguar si Kate era única o si los bebés usaban señales de forma habitual. A los pocos días de haber empezado nuestras entrevistas, la respuesta era muy clara. No sólo muchos padres nos dieron ejemplos de señas que sus bebés usaban, sino que algunos bebés en ocasiones interrumpían nuestra visita para «hablar» con su mamá, realizando una o dos señales. Elizabeth, de 17 meses, fue una de las primeras:

> *Acabábamos de sentarnos cómodamente en la cocina con Peg, la mamá de Elizabeth, cuando por el suelo y junto a nuestros pies pasó un bonito y colorido elefante de cuerda. Sorprendidas, vimos cómo el elefante desaparecía detrás del frigorífico. Unos minutos más tarde, dos compañeros muy excitados —Elizabeth y su perro— entraron en la cocina. Aunque no relacionamos de inmediato los dos sucesos, resultó que la pequeña y el cachorro estaban persiguiendo el juguete. Pero ¿dónde estaba? Ni la niña ni el perro tenían la menor idea. No obstante, Elizabeth sí tenía la capacidad de pedir ayuda a su madre. En cuestión de segundos atrajo la atención de su madre y levantó el dedo índice hacia su nariz, llevándolo de arriba abajo en una clara imitación de la trompa de un elefante. «¡Oh, el elefante! —dijo Peg—. Está ahí, junto al frigorífico. Espera, que te ayudo y te lo doy.»*

Aunque para Peg y Elizabeth se trataba de un hecho habitual, nosotras estábamos muy excitadas. Allí, ante nuestros ojos, había una verdadera seña del bebé en acción. Al igual que Kate con sus señas, Elizabeth había aprendido la señal de *elefante* de los juegos con sus padres. A partir de entonces siguió sus pasos, adoptando la seña de *elefante* para nombrar dibujos, juguetes, alguna vez incluso una aspiradora con su manguera larga, a modo de trompa. Para nuestro deleite, la historia no terminó aquí. Pocas semanas después recibimos una llamada de Peg: Elizabeth estaba intentando decir la palabra *elefante*, ¡ayudándose de la seña para que sus padres entendieran lo que significaba «e-fa-te»!

Aprendimos mucho de familias como la de Elizabeth, y cuanto más aprendíamos, más convencidas estábamos de que las señales del bebé eran habituales en la vida familiar. Casi todos los bebés parecen desarrollar al menos unos cuantos signos además de los universalmente conocidos *adiós*, *sí* y *no*, y esto ocurre por lo común entre los 9 y los 24 meses. También nos dimos cuenta de que algunos bebés se entusiasman mucho con las señas y crean una impresionante variedad de ellas para sus objetos favoritos y necesidades importantes. Invariablemente, estos bebés tenían familias que compartían su entusiasmo y que los alentaban a usar señales. Asimismo, observamos que, en general, cuanto mayor es el número de señales del bebé utilizadas por un niño, más rápidamente aprende a hablar. Ésta era nuestra mejor pista por entonces del efecto de las señales del bebé en el desarrollo del lenguaje vocal. Parecía que las señales del bebé aceleraban el proceso.

En los años que siguieron a esas primeras entrevistas, fuimos confirmando que las señales del bebé ayudan al desarrollo del niño. En un experimento a gran escala, patrocinado por el Instituto Nacional para la Salud Infantil y Desarrollo Humano, estudiamos a 140 familias con bebés de 11 meses durante 2 años. Un tercio de estas familias fueron alentadas a usar señales del bebé, y los otros dos tercios no. Nuestro objetivo era comparar a los grupos periódicamente, para observar si la experiencia con las señales tenía algún efecto, fuera éste bueno, malo o indiferente.

¿Qué fue lo que encontramos? En pocas palabras, encontramos sólo efectos positivos en los bebés que usaban señales; éstos superaron a los otros bebés en todas las comparaciones: sus resultados en los tests de inteligencia fueron más altos, entendían más palabras, tenían vocabularios más amplios y sus juegos eran más complejos. Lo más gratificante fue, sin embargo, la manera en que los padres describieron su experiencia al usar las señales del bebé. Hablaron con mucho entusiasmo acerca de las ventajas que nosotras esperábamos: una mayor comunicación, una menor frustración y una relación más estrecha entre los padres y su bebé. Incluso refirieron ventajas mucho más sutiles para los bebés que no habíamos considerado, como una mayor confianza en sí mismos y un mayor interés por los libros.

«Francamente, teníamos cierto recelo de probar esto con Lori, porque parecía lo contrario de enseñarle a hablar. ¡Y yo realmente quería hablar con ella! Pero en cuanto empezó a entenderlas —la señal de pez fue la primera— fue como si se abriera una presa y se desbordase. Como si de alguna manera hubiera estado esperando para decirme lo que pasaba en su cabeza. De repente había peces aquí y allá, por todas partes, incluso los pescados congelados en el supermercado. Ocurrió lo mismo con cada nueva seña que aprendió. De hecho, yo acabé disfrutando tanto de las señas que casi me dio pena cuando empezó a hablar y dejó de usarlas. Pero fue muy divertido mientras duró, y estoy seguro de que el empujón que esto le dio durará mucho tiempo.»

Padre participante en el experimento
con las señales del bebé

AYUDANDO A TU BEBÉ A HABLAR ACERCA DEL MUNDO

La infancia es un período de revelación de las maravillas del mundo, en el que se descubre cómo funcionan las cosas y se comparten las alegrías y los miedos que llenan cada día con gente especial. Los bebés son tan curiosos como los gatos, pero (por fortuna) mucho más sociables. No se satisfacen simplemente con ver un avión en el cielo o un pájaro en la ventana o las flores en el jardín; quieren contárselo a alguien. Como señala Penelope Leach en su famoso libro para padres *La infancia*, la principal motivación que empuja a hablar a los bebés es la oportunidad de socializar con otros: «Las primeras palabras [...] casi siempre se utilizan en el contexto de llamar la atención del adulto para algo, invitándolo a compartir las experiencias».

Lo triste, se lamenta Leach, es que muchas personas consideran que los bebés no están interesados en el lenguaje, y no tienen interés en hablar con ellos sólo porque aún no pueden hablar mucho. Esas actitudes casi siempre se traducen en la pérdida de oportunidades para fomentar el lenguaje y, quizá más importante, para fortalecer el vínculo entre padres e hijos, esencial para su sano desarrollo. En el libro *El bebé y el niño*, Leach recomienda un enfoque más efectivo:

> «¿Qué puedo hacer para ayudar a que mi hijo adquiera y use bien el lenguaje?» El paso más grande es uno negativo: deshacerte del concepto habitual de que lenguaje significa hablar, de que hablar significa usar palabras y de que, en consecuencia, el proceso de aprendizaje del lenguaje se inicia cuando el bebé tiene casi un año de edad. El lenguaje es la comunicación entre dos personas... Así, si esperas a interesarte en el lenguaje de tu hijo hasta que éste pueda hablar, te perderás toda la diversión de ese proceso.

En este libro te proponemos una forma de aprovechar los talentos ocultos de tu bebé. Si los dejamos, los bebés pueden comunicarse. Y las recompensas son muy gratificantes. Añadiendo las señales del bebé a sus primeros intentos de hablar, tu bebé podrá acercarse a otros, abrirá sus horizontes y, lo mejor de todo, establecerá lazos afectivos de gran satisfacción que durarán toda la vida.

¿Qué lugar ocupan las señales del bebé en el lenguaje?

¿Cómo es que posible lograr tanto con las señales del bebé? Para comprender realmente su utilidad, tienes que seguir las sugerencias de Penelope Leach y deshacerte de la idea de que aprender el lenguaje significa sólo aprender a hablar. Una vez que lo hagas, te resultará mucho más fácil entender las diferentes etapas de desarrollo que tu bebé tendrá que superar en el maravilloso camino hacia el lenguaje.

Cuando describimos el desarrollo del lenguaje a padres y estudiantes, les sugerimos que piensen en ello como si fuera armar un rompecabezas. El lenguaje es como una imagen que requiere muchas piezas únicas para construirlo. Cuando armas un rompecabezas, puedes poner muchas piezas en su sitio sin ver toda la imagen completa. Después colocas la pieza central. De repente, al juntarse con las demás, surge una parte de la imagen. Es la colocación de esta pieza crítica lo que permite que las demás piezas se reflejen para definir su contribución a la imagen completa.

El desarrollo del lenguaje funciona de la misma forma. A medida que un niño se desarrolla, muchas «piezas» se van poniendo en su lugar una a una. La pieza con la que estamos más familiarizados es, por supuesto, el habla, es decir, la habilidad de combinar sonidos para formar palabras. Muchas personas tienen la idea equivocada de que el habla es la suma total del lenguaje, y por ello se sorprenden al saber que el habla misma es una adición relativamente tardía a la imagen completa. La ironía es que hasta que los niños son capaces de decir algunas palabras —hasta que la pieza crítica está en su sitio— frecuentemente no nos damos cuenta de los grandes avances que ya han hecho.

Una ventaja de las señales del bebé es que permiten a tu hijo, mucho antes de hablar, mostrarte que ya ha descubierto gran parte del rompecabezas. Veamos brevemente estos logros y cómo se desarrollan.

JUEGO DE SONIDOS

Cuando un bebé finalmente produce una palabra real, está demostrando un grado impresionante de dominio sobre muchas partes de su cuerpo, grandes y pequeñas, que son necesarias para emitir esos sonidos involucrados en esa palabra específica. Hay que colocar en la posición adecuada la lengua, los labios y los conductos nasales, controlar las cuerdas vocales, regular la respiración, y mucho más. Para los adultos, todo esto resulta muy sencillo, y con frecuencia no advertimos la difícil tarea que representa. Sin duda esta complejidad constituye un obstáculo tan grande en la comunicación que motiva a los bebés a recurrir a las señales del bebé, que les permiten eludir temporalmente el sistema de sonido y dedicarse a la importante tarea de la comunicación.

Eventualmente, claro está, llegan a dominar el sistema de sonido. Pero ¿cómo sucede esto? Dada su complejidad, no deja de ser sorprendente que los bebés empiecen este proceso a muy temprana edad. Mucho antes de ser capaces de decir palabras, practican los sonidos del lenguaje. Empiezan alrededor de los 3 meses con sonidos de vocales, y a partir de los 6 meses añaden sonidos de consonantes y comienzan a balbucear. Habitualmente son tan conversadores que parece que están diciendo algo importante. ¡Si uno lo pudiese traducir! Pero antes de los 12 meses, estos sonidos rara vez son palabras de verdad. Son, lisa y llanamente, juegos vocales, que enseñan al bebé lecciones importantes sobre cómo tra-

Aunque por lo general los bebés utilizan la señal de más para repetir de algún alimento, en este caso Brandon, de 18 meses, recurre a ella para pedir a su madre que le haga otra fotografía.

baja su boca. Este aprendizaje constituye una pieza muy importante del rompecabezas. Finalmente, alrededor de su primer cumpleaños, una o dos palabras de verdad pueden aparecer en escena. Es un comienzo excitante, pero también un final importante a muchos meses de ensayo para llegar al gran acontecimiento.

APRENDER A RELACIONARSE

Otra pieza del rompecabezas que tu bebé habrá desarrollado cuando diga sus primeras palabras es una capacidad social: la capacidad de relacionarse con los demás. Si lo piensas, advertirás que el lenguaje es primero que nada una actividad social. Utilizamos el lenguaje ante todo para satisfacer nuestras necesidades, para relacionarnos con otras personas, para sentirnos conectados y para compartir nuestras experiencias.

Las relaciones sociales se desarrollan fácilmente y muy temprano en la vida de un bebé, aunque esto no sea muy evidente para ti. Piensa en las primeras sonrisas de tu bebé. Aunque para ti eran claramente sonrisas, no sabías muy bien por qué sonreía. Probablemente tus familiares y amigos te dirían que se trataba de una sonrisa refleja. Pero entonces, cuando tu bebé tenía 4 o 6 semanas, ya resultaba muy claro: te sonreía a ti. Tu bebé mostraba la denominada «sonrisa social», una sonrisa que constituye una respuesta a otro ser humano y una clara indicación del principio de una relación social.

La excitación que los padres experimentan ante la primera sonrisa social de su bebé es indescriptible. Es como si, de repente, su bebé hubiese dicho «hola» por primera vez. Los padres reconocen que su bebé ha dado un paso significativo hacia convertirse en una parte activa de sus relaciones sociales. Y es a través de estas tempranas interacciones sociales como los bebés desarrollan el deseo de comunicarse y la motivación necesaria para dominar las habilidades requeridas.

Karen, de 12 meses, utiliza la señal de rana, sacando y metiendo la lengua, para hablar de su títere favorito, la rana Gustavo de Barrio Sésamo.

APRENDER A TRANSMITIR UN MENSAJE

La tercera pieza del rompecabezas es la capacidad de comunicarse intencionadamente. Es decir, la capacidad de intentar transmitir un mensaje a otro usando una acción destinada para ese propósito. Tal vez te sorprenda saber que el desarrollo de esta pieza del rompecabezas requiere cierto tiempo. Aunque es evidente que los bebés se comunican desde el día que nacen, no se percatan de que lo están haciendo hasta relativamente tarde en su primer año. Por fortuna para ellos, los padres de todos modos responden a sus necesidades.

Las señales tempranas, aunque no sean intencionadas, son realmente muy interesantes por sí mismas. El llanto es, con gran diferencia, la más obvia. A las pocas semanas de vida, el llanto del bebé empieza a diferenciarse según la causa que lo provoca. La investigación ha demostrado lo que los padres saben desde hace mucho tiempo: el llanto del bebé debido al dolor es diferente del que manifiesta cuando tiene hambre o está aburrido. Aunque no esté comunicando intencionadamente esta diferencia a su madre, ella recibe con claridad el mensaje acerca de sus sentimientos y es capaz de responder apropiadamente. Si el llanto del bebé expresa dolor, la madre corre a ayudarlo. Si su llanto indica que tiene hambre, se apresurará a terminar su labor para darle de comer, y si lo percibe como un llanto de aburrimiento, simplemente empezará a distraerlo o a hablarle a distancia. Sin darse cuenta de que transmite un mensaje, el bebé llora como una reacción natural a su estado corporal interno.

El lenguaje, en contraste, es definido por la comunicación *intencionada*. ¿Cómo saber cuando la comunicación de un bebé es intencionada? Imagínate esta situación común entre los bebés: el bebé quiere alcanzar un juguete que le queda lejos. Mira a su padre y después al juguete. Su conducta tiene un propósito. La intención es que su padre le alcance el juguete. Y si su padre se da cuenta de esta conducta, probablemente tendrá éxito y conseguirá lo que quiere. El desarrollo de la intención permite al bebé utilizar

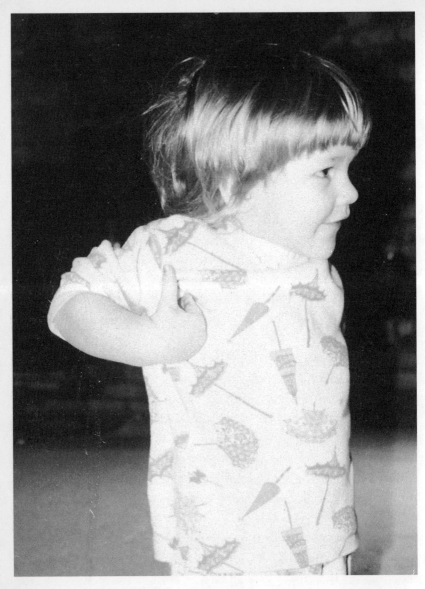

Las señales del bebé resultan muy divertidas tanto para quien las hace como para quien las contempla. Mira, por ejemplo, la señal de mono que aquí reproducimos. ¿A que es irresistible?

hasta el mínimo recurso de comunicación como medio para un fin. Ahora el bebé puede hacer algo para producir resultados deseados y predecibles, una función esencial del lenguaje.

FORMACIÓN DE CONCEPTOS

El hecho de dominar la comunicación intencionada es sólo una pieza más del rompecabezas del lenguaje. Los bebés también tienen que aprender qué cosas existen en el mundo para poder comunicar algo de ellas. Tomemos, por ejemplo, el reto de aprender conceptos que en apariencia son sencillos, como «perro» y «gato». Desde nuestra perspectiva de adulto, esto no parece difícil: los perros ladran, los gatos maúllan; los perros se rascan la panza frenéticamente y los gatos se lamen con paciencia; los perros actúan como payasos y los gatos son muy dignos. Éstas son algunas de las muchas diferencias que los bebés gradualmente aprenden a diferenciar. Pero constituyen sólo la mitad del reto de desarrollar un concepto como el de «perro». Cada bebé tiene también que aprender qué tienen en común un chihuahua y un collie, o un dachsund y un poodle, que hace que todos sean perros. Después de todo, un perro chihuahua parece tener más en común con la familia de los gatos que con Lassie. Los bebés acaban por darse cuenta de esto. Aprenden no sólo acerca de perros y gatos, sino de absolutamente todo desde aviones hasta cebras.

Cómo pueden lograrlo en tan poco tiempo constituye uno de los misterios más intrigantes en el desarrollo del lenguaje. Lo que sí sabemos es que los bebés están constantemente absorbiendo información y refinando sus conceptos. Es muy común que los bebés de corta edad piensen que las vacas, los caballos y las ovejas son todos «perritos», y que todos los hombres son «papi». Esto indica con bastante claridad que están formando ciertos conceptos básicos: un «perrito» es algo con cuatro patas y una cola, y un «papi» es cualquier hombre adulto. Al adquirir mayor experiencia, los bebés

*A menudo los padres se sorprenden al darse cuenta de lo atentos que
están los bebés a los ruidos de alrededor. Turner, de 16 meses, no
constituye una excepción. Usando su señal del bebé para ruido, le dice a
su monitora de la guardería que oye sonar el teléfono.*

gradualmente aclaran estos conceptos, al tiempo que entienden que los perros son perros, las vacas son vacas y papi es sólo ese hombre especial que le hace cosquillas en la barriga y lo acuesta para dormir. Una vez que los niños son capaces de formar conceptos básicos, otra pieza crítica del rompecabezas del lenguaje se pone en su lugar. Para que los bebés puedan usar palabras correctamente, primero tienen que entender los conceptos que estas palabras representan.

EMPLEO DE SÍMBOLOS

Una vez que los bebés empiezan a entender que las palabras representan conceptos, añaden otra pieza al rompecabezas del lenguaje: la capacidad de usar símbolos. ¿Qué son los símbolos y cómo se desarrolla en el bebé la comprensión de su función? Un símbolo es algo que sustituye o representa algo más. Por ejemplo, un billete de un dólar es un símbolo. Objetivamente, es sólo un trozo de papel con muy poco valor inherente. Sin embargo, los estadounidenses han decidido que ese billete de un dólar representa una proporción de la riqueza de su país. Es por este acuerdo por lo que el billete de un dólar tiene un valor simbólico. El lenguaje también es simbólico. Es decir, las palabras son sólo sonidos que representan conceptos de cosas que se desea comunicar. Por ejemplo, si quieres comunicar a tu hijo que te vas a trabajar, es probable que digas «hasta luego» o «vuelvo pronto». Estos sonidos representan el mensaje que estás intentando transmitir.

La capacidad de usar símbolos se desarrolla gradualmente en el primer año de vida del bebé. Cuando un bebé juega con un trozo de madera como si éste fuese un cochecito sobre el suelo o cuando alimenta a su oso con un palito de madera, está demostrando su habilidad simbólica. En ambos casos está usando un símbolo: la madera como símbolo para representar un coche, y el palito como símbolo para representar una cuchara. A principios de su segundo

Durante un día de campo en compañía de Kate, su hermana y precursora en las señales del bebé, Brandon, de 12 meses, le dice a su madre, Lisa, que oye un avión en el cielo (levantando un brazo). Es de destacar el contacto visual de Brandon con Lisa, en un claro ejemplo de comunicación intencionada.

año, el bebé será capaz también de usar símbolos lingüísticos. El bebé estará atento a los símbolos de lenguaje que oiga a su alrededor y los usará como símbolos para representar sus conceptos en desarrollo.

LAS SEÑALES COMO SÍMBOLOS

Aunque las primeras palabras de tu bebé son manifestaciones evidentes del desarrollo del lenguaje, es muy importante, para entender el propósito de las señales del bebé, saber que los símbolos de lenguaje no se limitan a las palabras. Cuando te marchas a trabajar, es probable que también muevas la mano diciendo «adiós», y tu bebé entenderá claramente el mensaje enviado. Los gestos no verbales, como mover la mano o alzar los hombros, son símbolos del lenguaje que tienen la misma función que las palabras. Y pueden usarse para representar nuestras ideas, sentimientos, necesidades y deseos, igual que las palabras.

La importancia de la contribución de los símbolos no verbales es más evidente cuando se observa a los bebés que son sordos de nacimiento. Muchos de estos niños jamás aprenden a decir palabras. Sin embargo, no hablar no significa que no utilicen algún tipo de lenguaje. Muchos niños sordos se comunican mediante un sistema no verbal de señales y gestos, como el lenguaje de signos, el cual tiene todas las características del lenguaje vocal, con la excepción de que no es hablado. En lugar de palabras, este sistema se expresa mediante señales, es decir, símbolos y gestos que representan cosas en el mundo al igual que lo hacen las palabras. Los bebés sordos, al igual que los bebés que oyen, construyen un rompecabezas del lenguaje. La única pieza de este rompecabezas que quizá no puedan adquirir es la pieza del habla. Aun así, completan su rompecabezas del lenguaje porque son capaces de sustituir las palabras habladas del lenguaje por símbolos no verbales.

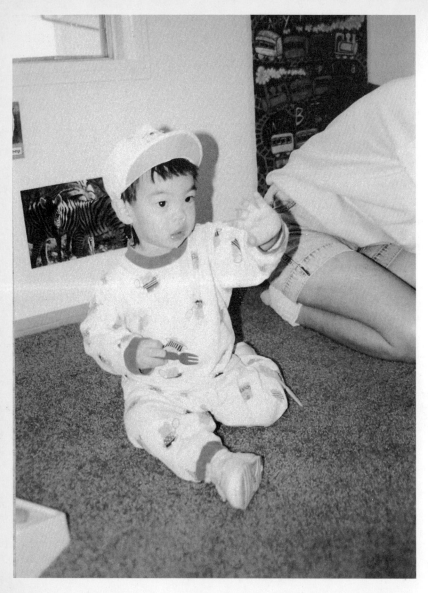

La luna suele ser algo muy sobresaliente en los libros de bebés, tanto como el cielo nocturno tachonado de estrellas. Ésa es la razón de que el gesto de girar la palma de la mano, que aquí muestra un bebé de 15 meses, haya resultado ser una señal del bebé muy popular.

INTERVENCIÓN DE LAS SEÑALES DEL BEBÉ

Así como los bebés sordos que aprenden el lenguaje de signos utilizan señas y gestos para «hablar», también pueden hacerlo los bebés que oyen. Afortunadamente, el problema de estos bebés con las palabras es sólo temporal, pero no por eso menos frustrante. Impulsados por su gran motivación para comunicarse pero intimidados por la complejidad del habla, los bebés que oyen acogen muy bien la oportunidad de sustituirla temporalmente por símbolos no verbales. Como indicamos en el capítulo 1, decir adiós con la mano es una señal muy fácil que casi todos los bebés aprenden a usar correctamente mucho antes de ser capaces de decir la palabra.

Adiós es una palabra relativamente fácil de aprender, pero hay otras que resultan mucho más difíciles para los bebés. Por ejemplo, es poco probable que un bebé de 12 meses sea capaz de aprender las palabras *elefante* o *canguro*. Sin embargo, si va al zoo o mira un libro con dibujos de animales, es muy posible que desarrolle estos conceptos y esté ansioso por compartir sus logros con sus seres queridos. Entonces, ¿por qué no ayudarlo sugiriéndole símbolos no verbales? Llevarse un dedito a la nariz o brincar con el torso son cosas que un bebé fácilmente puede hacer y dominar al final de su primer año de vida.

Así, mientras que tendemos a pensar que el lenguaje es el habla, debemos tener presente que las palabras no son los únicos símbolos del lenguaje. Las señales del bebé representan una alternativa muy útil para ayudar a que los niños «hablen» antes de que puedan hablar, y los ayudan a desarrollarse de muchas otras maneras también, incluyendo acelerar su desarrollo para que completen el rompecabezas entero de lenguaje.

VENTAJAS DE LAS SEÑALES DEL BEBÉ

Cuando la pequeña Jennifer mencionada en el capítulo 1 llevó un libro a su padre y empezó a nombrar los animales con las señales del bebé, puso claramente de manifiesto que piezas importantes del rompecabezas del lenguaje ya estaban en su lugar. Su padre aprendió mucho acerca de su hija en esta ocasión. Aprendió que había desarrollado una *relación social* cálida con él, que motivaba su afán por encontrar la manera de comunicarse. Aprendió también que su pequeña era capaz de *comunicación intencionada* como forma de dar y recibir información. Asimismo, aprendió que ella había llevado a cabo el duro trabajo de desarrollar conceptos de animales específicos e individuales, identificando lo que hace que uno sea una cebra y otro un hipopótamo. También se dio cuenta de que Jennifer comprendía claramente para qué sirven los símbolos. Sin las señales del bebé, su padre habría advertido que su hija era capaz de señalar algunas cosas cuando se le preguntaba y que le gustaba estar en el regazo de su padre, pero nada más.

¿Y qué pasa con Jennifer? No debemos pasar por alto el hecho de que la interacción con su padre le enseñó también lecciones muy importantes. El empleo adecuado de señas le permitió comprobar que muchas de sus sospechas eran acertadas. En efecto, era cierto que los animales del libro pertenecían a la categoría que ella pensaba («ése era un hipopótamo»), que los símbolos también funcionaban para transmitir esta información, que nombrar cosas hacía que su papá sonriera y que leer libros era una divertida manera de aprender más acerca de las cosas que le interesaban. Al mismo tiempo, la respuesta entusiasta de su padre le proporcionó más alimento para su mente. Su conversación le brindó muestras de cómo deben decirse las palabras, oraciones completas para practicar su capacidad de comprensión, conceptos nuevos para agregar a su lista y la certeza de que su padre piensa que ella es maravillosa. En resumidas cuentas, esa sola interacción fue una verdadera mina de oro para ambos. Por supuesto, se habrían obtenido los mismos resultados si Jennifer hubiera utilizado las palabras *hipopótamo* y *elefante*. Sólo que habría sido una pena tener que esperar a que pudiese hacerlo.

Dada la gran cantidad de impulsos maravillosos que generan las señales del bebé, no resulta extraño que los bebés de nuestro estudio que las utilizaban se hayan desarrollado intelectualmente a un ritmo mucho más rápido que aquellos que no las empleaban. Por ejemplo, cuando los bebés de ambos grupos tenían 2 años de edad, los que utilizaban las señales del bebé eran capaces de usarlas para designar algo y, además, conocían en promedio más de 50 palabras reales que los que no usaban señales. Estas ventajas no desaparecieron al pasar el tiempo. Un año más tarde, a la edad de 3 años, los bebés que habían empleado señas decían y entendían palabras a un nivel casi comparable con el que se espera a los 4 años. También obtuvieron resultados sorprendentes en los tests de desarrollo mental, en los juegos de fantasía y en la habilidad para recordar dónde se hallan las cosas.

Estos bebés estaban definitivamente conectados con su entorno, tanto real como imaginario. Tu bebé también puede estarlo. ¿No es hora ya de empezar?

Capítulo 3

Aprendizaje de las primeras señales del bebé

> *«Cuando oí hablar por primera vez de las señales del bebé, pensé que no conocía lo suficiente sobre el lenguaje de señas. Pero, para mi sorpresa y satisfacción, cuanto más aprendía acerca de ellas, más cuenta me daba de que en la práctica las utilizaba sin siquiera saberlo. ¡Y resultaba tan sencillo!»*
>
> Madre de Anthony, de 16 meses

Una vez que los padres que asisten a nuestros talleres advierten la importancia de las señales del bebé para ayudar a sus hijos, siempre están ansiosos por empezar. En este capítulo se describe cuándo se ha de empezar con el empleo de señales, con cuáles de ellas se debe comenzar y la frecuencia con que hay que utilizarlas.

CUÁNDO EMPEZAR A USAR LAS SEÑALES DEL BEBÉ

Es conveniente empezar a usar las señales tan pronto como el bebé muestra interés en comunicarse con respecto a las cosas que ve. Esto suele producirse alrededor de los 9 o 10 meses, pero a tu bebé puede ocurrirle un poco más temprano. Al igual que sucede en muchos otros aspectos del desarrollo, no todos los bebés tienen el mismo interés en comunicarse, y tú eres quien mejor puede juzgar la disposición de tu bebé. Hacia los 6 o 7 meses, hay que prestar atención a los cambios en el bebé. En cuanto éste parece tener deseos de «hablar» acerca de algo, es conveniente empezar a mostrarle algunas de las señales del bebé para ayudarlo a comunicarse.

¿Cómo sabrás que tu bebé quiere hablar? Una de las señales más evidentes es su creciente interés por las personas y las cosas que lo rodean y las conexiones entre ellas. Tu bebé empezará a señalar objetos con mayor frecuencia que antes y probablemente acompañará sus gestos con balbuceos del tipo «¡Eh, eh!», como si preguntara qué es eso. Por ejemplo, cuando vais al parque, tu bebé puede señalar el columpio, el tobogán o a un niño en su cochecito. Y si eres como la mayoría de los padres, seguramente dirás con agrado el nombre de cada objeto. Además de señalar cosas, tu bebé también puede mostrar su interés por juguetes u otros objetos cogiéndolos y mostrándotelos, como si solicitara un nombre para ellos. Estos encuentros son muy buenos indicadores de que tu bebé está interesado en «hablar» contigo acerca del mundo y de que está listo para empezar a utilizar las señales del bebé.

Un segundo cambio que puedes notar alrededor de esta edad es un interés creciente por los libros con dibujos. En lugar de centrarse en arrancar las páginas de los libros, los bebés comienzan a dirigir su atención a las ilustraciones de cada página. Típicamente, los padres responden a este nuevo interés en los libros preguntando ante cada dibujo: «¿Qué es esto?». Y luego dan la respuesta diciendo lo que es, sabiendo que el bebé todavía no es capaz de responder. Los bebés también demuestran este nuevo interés señalando las ilustraciones que les parecen atractivas. Suelen acompañar este gesto de una mirada inquisitiva y del contacto visual como si estuviesen preguntando el nombre del objeto. Observa bien a tu bebé, ya que su conducta te indicará cuándo es tiempo de empezar a usar señales sencillas.

¿Y qué sucede si tu bebé ya dice algunas palabras? ¿Es demasiado tarde? Si tu pequeño tiene más de 9 o 10 meses o si ya ha empezado a decir algunas palabras, todavía existen muy buenas razones para que aprenda las señales del bebé. Nuestros estudios han revelado que los bebés pueden beneficiarse usando las señales del bebé a cualquier edad durante sus primeros 2 años y medio de vida. Recuerda que el vocabulario inicial de un bebé consiste en unas pocas palabras, por lo general muy sencillas, y que agregan palabras nuevas muy lentamente. Palabras como *cocodrilo*, *jirafa* o *columpio*, por ejemplo, resultan más difíciles para los bebés, pero estas cosas son de mucho interés para ellos cuando van al zoo, al parque o cuando miran dibujos en algún libro. Ellos quieren «hablarte» de esas cosas, pero no pueden, pues las palabras son demasiado largas y complicadas. Las señales del bebé les permiten superar esos obstáculos y comunicarse efectivamente contigo acerca de una mayor variedad de cosas que de otra manera su limitado vocabulario no permitiría. Así pues, si tu bebé ya ha manifestado interés en comunicarse, con palabras o sin ellas, empieza ya a mostrarle las señales del bebé.

PRIMERAS SEÑALES

En primer lugar, has de identificar las «señales» que ya estás utilizando. Si eres como la mayoría de los padres, es probable que ya utilices algunas señales sin siquiera darte cuenta. Por ejemplo, seguro que ya habrás enseñado a tu bebé a decir adiós con la manita. Casi todos los padres lo hacen y, además, se muestran muy orgullosos al ver que lo hacen cuando se va la abuela. *Adiós* no es más que una seña convencional que usamos todos los días. Asentir con la cabeza para decir *sí*, y moverla de lado a lado para decir *no* son otras dos señales. Los bebés también aprenden estos gestos, incluso sin que los padres sean conscientes de estar enseñándoselos. Algunos padres también dicen «shhhh» y se ponen el dedo índice sobre los labios para decir que hay que guardar silencio o que alguien duerme. Muchos bebés hacen la misma señal cuando quieren comunicar que alguien está durmiendo, ya sea papá, el perro o alguien en la tele. Presta atención a este tipo de conductas que haces automáticamente y aprecia los logros de tu bebé cuando él use esas señales para comunicarse contigo. Como los bebés observan estas señales casi desde que nacen, con frecuencia son de las primeras que aprenden.

Introduce cinco señales que serán un éxito seguro. Durante muchos años hemos enseñado a nuestros hijos a usar las señales del bebé, y también hemos ayudado a que muchas familias empiecen a usarlas. Basándonos en nuestro estudio, estamos convencidas de que las señales para *sombrero, pájaro, flor, pez* y *más* son las más útiles y sencillas de aprender. Así pues, para ayudarte a adquirir la noción del uso de señales junto con palabras, sugerimos comenzar con estas señales para «principiantes»:

1. *Sombrero:* toca la parte superior de tu cabeza con la mano extendida, la palma hacia abajo.
2. *Pájaro:* mueve uno o ambos brazos a los lados, aleteando arriba y abajo.
3. *Flor:* haz el gesto de arrugar la nariz, como si olieras una flor.
4. *Pez:* abre y cierra los labios, como hacen los peces.
5. *Más:* toca con el dedo índice de una mano la palma de la otra.

Ten presente que estas señales son sólo sugerencias. El objetivo de las señales del bebé no es enseñar a tu hijo un grupo de señas específicas, sino enriquecer su relación contigo y darle el sentido de vínculo que se establece con la habilidad de comunicarse con los demás. También eres libre de modificar la forma de estas señas de la manera que creas conveniente.

Si tu bebé ya dice una o varias de estas primeras palabras, entonces no es necesario usar la seña. En su lugar, encuentra un sustituto que añada algo nuevo a la lista de cosas sobre las que tu bebé puede hablar. Por ejemplo, si tu bebé ya dice «guau» para indicar un perro, y muchos bebés lo hacen con cierta facilidad, escoge otra seña para trabajar con ella. He aquí algunos buenos sustitutos para estos casos:

1. *Pato:* con los dedos extendidos, únelos y sepáralos alternativamente del pulgar, imitando el movimiento del pico del pato al decir «cuac».
2. *Gato:* acaricia el dorso de tu mano, imitando el movimiento de acariciar a un gatito.
3. *Perro:* abre la boca y respira sacando la lengua, como hacen los perros.
4. *Botella/beber:* ponte el pulgar en los labios y echa la cabeza hacia atrás, como si bebieras algo.
5. *Se acabó:* con la mano extendida y la palma hacia abajo, muévela hacia derecha e izquierda por delante del pecho.

Si estas señales no son de tu agrado o del de tu bebé, puedes hojear las sugerencias del capítulo 9 o, simplemente, crear tus propias señas. Tú eres el mejor juez de lo que es adecuado para vosotros.

Usa siempre juntas la señal y la palabra. Ten en cuenta que las señales del bebé son una forma de ayudar al pequeño a «hablar» dándole una opción. Cuando tu bebé oiga la palabra y vea la señal, tendrá dos opciones disponibles en lugar de una sola. Algunas palabras, como *agua* y *nene*, son más fáciles de decir que otras. En esos casos, tu bebé podrá decidir si prefiere usar la palabra desde el principio. Otras palabras, como *pájaro*, le resultarán más difíciles, y entonces tu bebé podrá elegir hacer la señal. Al usar los nombres de las cosas junto con las señales del bebé, dejas dos puertas abiertas. Es más, incluso cuando tu bebé utilice primero una señal, estará al mismo tiempo aprendiendo lo que le dices y tendrá una ventaja adicional para aprender a decirlo.

Un sombrero es algo que te cubre la cabeza. A Leanne, de 14 meses, le gustaba «hablar» de ello con todo el mundo a la menor ocasión.

Poner un comedero de pájaros en el jardín fue una estupenda decisión para poder observarlos detenidamente. Aquí vemos a Brandon, de 18 meses, usando su señal del bebé para pájaro (aleteando con los brazos), con el fin de avisar a su madre de que los gorriones han vuelto.

Afortunadamente para todos, el mundo está lleno de flores: en los jardines, en los libros, en telas estampadas. Por eso los bebés aprenden tan pronto la seña para flor. *Aquí, Bryce, de 10 meses, nos la enseña.*

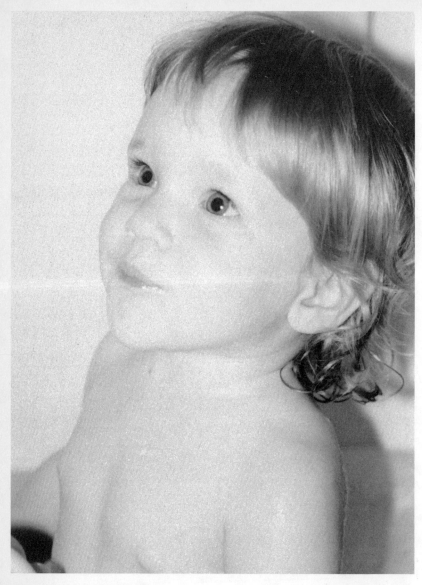

El movimiento de juntar los labios para «decir» pez, que vemos aquí, es muy fácil de aprender para los bebés, entre otras cosas porque constituye una variante de un movimiento que ya dominan, que es el de dar un beso. Aquí, la hora del baño es una ocasión ideal para «hablar» de un pececito de plástico.

La señal del bebé para más es excelente para principiantes, porque resulta útil y fácil de hacer. Aquí, Emma, de 13 meses, usa su versión de esa seña (los puños tocándose) en la guardería para indicar que quiere más galletas.

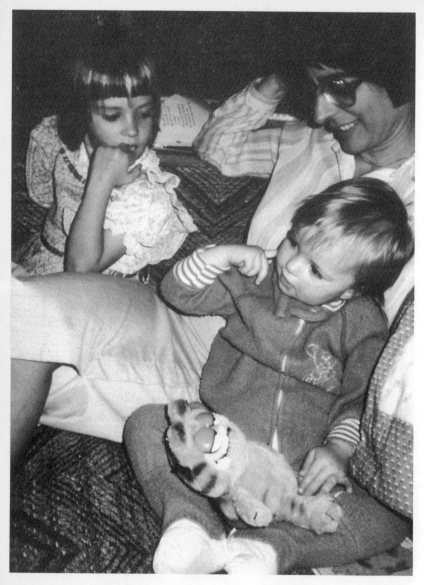

Hay muchas señales para gatito que resultan muy efectivas. Aquí, Carolyn, de 13 meses, nos la muestra, imitando el bigote de los gatos para hablar de su gato favorito.

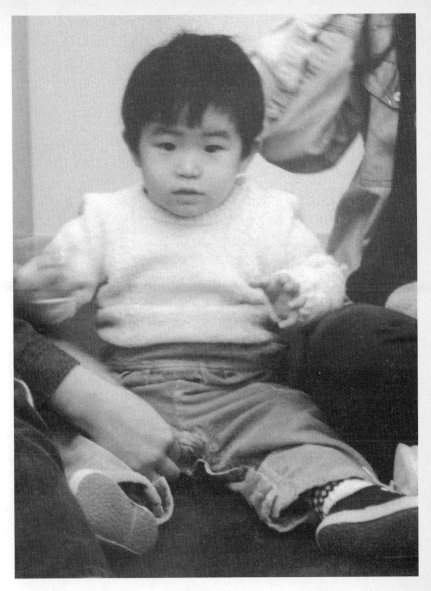

La señal para se acabó permite a los bebés avisar a sus padres cuando se han terminado la comida, cuando desaparecen los objetos o incluso cuando se ha ido toda el agua de la bañera. Este gesto (mover las manos hacia delante y hacia atrás con las palmas abiertas) puede ser realizado con una o con ambas manos.

Sé muy entusiasta, alienta y alaba a tu bebé. Para que el pequeño pueda aprovechar al máximo las señales del bebé, necesita ser recompensado por todos y cada uno de sus esfuerzos. A los niños les agrada ser alabados por sus padres cuando hacen algo bien y suelen responder muy adecuadamente a las palabras de aliento. Una gran sonrisa y un «¡Muy bien!» marcan una gran diferencia para hacer que el aprendizaje sea divertido. Premia sus primeros esfuerzos con besos y caricias, muestra satisfacción cuando lo intente, y tu bebé pronto estará usando las señales del bebé para comunicarse y «hablar» contigo. Cuanto más entusiasta seas acerca de las señales del bebé, más entusiasta será tu bebé.

LA REPETICIÓN ES LA CLAVE PARA APRENDER

Cuantas más veces vea el bebé una señal, más fácil le resultará aprenderla. La mejor manera de recordar que hay que usar una señal frecuentemente es utilizarla en la vida diaria: al cambiar el pañal, durante las comidas, a la hora del baño, a la hora de dormir. Cuelga una fotografía o ilustración de un perro cerca de donde normalmente cambias el pañal de tu bebé para tener oportunidad de hablar acerca del perro durante esos momentos, usando siempre la señal y la palabra. A la hora de acostarlo, elige un libro especial sobre perros, y así tendrás un pretexto para hablar y hacerle la seña de *perro*; también puedes contarle un cuento sobre perros. Usa un mantel individual con fotos o dibujos de pajaritos o un babero con flores; esto te recordará usar las señas durante las comidas para que tu bebé las aprenda. Puedes también poner imanes en la puerta del frigorífico y tener peces de plástico para la hora del baño. Compra galletas con forma de pescado, dáselas a tu bebé como golosina y pregúntale si quiere «más». Éstas son algunas maneras de asegurar que tu bebé tenga mucho contacto con las señales que intentas que aprenda. Aprovecha cualquier juguete o dibujo que tengas a mano y busca maneras de incorporar estas divertidas actividades en tu vida diaria.

Además de estas actividades en el hogar, busca oportunidades para usar las señales del bebé en salidas con la familia. Nombra pajaritos en el parque, flores en la calle al salir a pasear, perros de juguete en la tienda, peces en el acuario o en el consultorio del médico. Te sorprenderá la frecuencia con que usas las señas y lo fácil que resulta incorporarlas en la vida diaria.

Enfatiza una señal repitiéndola varias veces. Cuando los adultos hablamos a los bebés, la conversación se caracteriza casi siempre por la repetición. Por ejemplo, cuando señalas un pájaro volando hacia un árbol, es muy probable que repitas las palabras varias veces: «¡Mira, ahí está el pajarito! ¿Ves el pajarito? El pajarito voló hacia el árbol, ¿lo ves?». Estas repeticiones ayudan a los bebés a identificar exactamente la palabra importante en cada contexto, y esa palabra es la que necesitan aprender y recordar. Haz lo mismo con las señales del bebé. En estas situaciones, haz la seña cada vez que uses la palabra. Pronto verás que tu bebé descubre la relación entre palabra, seña y objeto. Entonces entenderá que las cosas del mundo tienen nombres y que estos nombres sirven para hablar acerca de las cosas. Igual que con las palabras, notarás que la repetición de las señas se da naturalmente.

Usa la misma señal del bebé para diferentes ejemplos. Si usas la seña para *perro* cuando ves cualquier raza de perro, tu bebé aprenderá que la seña sirve para todos los perros —perros de verdad, perros de juguete, fotografías de perros— y no sólo para la mascota de casa. Usa la seña de *más* para preguntar a tu bebé si quiere más patatas fritas o más zumo o si quiere leer un libro otra vez. Usa la seña de *se acabó* cuando termine su biberón, cuando el avión que pasó en el cielo ya no pueda verse, incluso cuando toda el agua de la bañera se haya ido ya.

La repetición de una señal ante diferentes ejemplos del mismo objeto permite al niño aprender que, al igual que ocurre con las palabras, las señales del bebé pueden referirse a cualquier miembro de una categoría. En poco tiempo se dará cuenta cuáles son las características comunes que comparten los miembros de esa catego-

El padre de Nysa es un maestro entusiasta de señales del bebé. En la
fotografía superior vemos cómo se observan con atención mientras él muestra
la seña para rana, que la niña imita. En la fotografía inferior, los vemos
durante una sesión de aprendizaje. Nysa está muy atenta a las manos de
su padre al tiempo que éste le muestra la señal del bebé para dentro.

ría. En otras palabras, habrá desarrollado un concepto de ese objeto. Estos conceptos, que pueden desarrollarse como un perro comparado con un gato, algo caliente frente a algo frío, arriba en contraposición a abajo, son los bloques que forman la inteligencia del bebé. Al dirigir la atención del pequeño hacia las cosas que lo rodean, las señales del bebé aceleran este proceso.

RECONOCER LOS PROGRESOS DEL BEBÉ

Reconoce las primeras muestras de progreso de tu bebé. Hay muchas maneras de saber si el niño comprende el nuevo lenguaje. Una de las primeras cosas que quizá notes es que muestra mucho más interés en tu actividad no verbal. Nosotras recordamos la fascinación de nuestros bebés cuando, al comenzar a enseñarles este sistema, arrugábamos la nariz y «olíamos» señalando las flores del jardín. Tu bebé también encontrará fascinantes tus señales y empezará a observarte para descubrir una nueva «palabra». Incluso es posible que te lleve un libro o juguete y mire fijamente tus manos como esperando una seña. Estas conductas muestran que está empezando a entender que estas señales son importantes para relacionarse contigo. Para identificar sus progresos iniciales, observa cómo tu hijo te observa a ti.

Además, observa la conducta de tu bebé para saber si entiende el significado de tus señas. De la misma manera que los bebés entienden muchas más palabras de las que pueden decir, también comprenden las señales del bebé antes de poder usarlas. Por ejemplo, si tu bebé mira hacia donde está el perro cuando tú usas la señal para *perro*, o si te trae un pececito de juguete cuando tú juntas los labios, estas conductas muestran que tu bebé entiende el significado de las señas.

Por supuesto, la prueba más importante del progreso de tu bebé es cuando hace los primeros intentos de imitar tus señales. La emoción que sienten los padres cuando sus hijos empiezan a usar las señales del bebé para «hablar» acerca de las cosas es indescriptible. Presta atención a todos los esfuerzos del niño por realizar una seña, aunque estos primeros intentos sean muy torpes, y responde a ellos con mucho entusiasmo. Ten en cuenta que las primeras palabras de un bebé son siempre imitaciones burdas de las palabras de los adultos. Por ejemplo, aunque un adulto diga «agua», un bebé probablemente dirá «aga». Lo mismo sucede con las señales del bebé.

Tomemos como ejemplo la experiencia de Dillon y su familia con la palabra *pato*. Como nosotras sugerimos, sus padres decían «cuac» con las manos mediante movimientos de unir y separar el pulgar de los restantes dedos extendidos. Aunque ellos siempre mantenían los dedos extendidos al hacer la seña, Dillon curvaba sus deditos, haciendo un movimiento de abrir y cerrar los deditos en un puño. Esta seña sirvió bastante bien debido a que sus padres la entendieron y reconocieron que, aunque burdos y raros, estos intentos por comunicarse indicaban un progreso y merecían una recompensa. ¿Qué habría sucedido si Dillon nunca hubiese progresado hasta hacer la señal como los adultos? También habría estado bien. Hay que tener presente que el objetivo es la comunicación, y no la perfección.

Todos los padres desean saber cuánto tiempo ha de transcurrir para ver los resultados del progreso descrito. ¿Quizá días, semanas, meses? Nosotras hemos visto ejemplos de los tres casos, y todos ellos por muy buenas razones. La rapidez con que aprende un niño las señales del bebé depende de muchas cosas: la edad, el número de veces que es expuesto a la misma seña, si el bebé ya hace señas o no, su interés por el objeto o su preferencia por otra cosa diferente a intentar comunicarse, como trepar a sillones por ejemplo. Lo importante es recordar que las señales del bebé deben ser una parte natural de la conversación con él, a fin de que las señales estén ahí cuando las necesite.

DIFERENCIAS ENTRE UNOS BEBÉS Y OTROS

La edad del bebé marca una gran diferencia en este proceso. Su edad al empezar a usar las señales es un factor determinante del tiempo que tardará en aprenderlas. En términos generales, cuanto más pequeño sea, más tiempo tardará en aprender sus primeras señas. Para entender por qué sucede esto, piensa en la primera vez que mostraste un sonajero a tu bebé. Si éste era muy pequeño, de 2 o 3 meses, sus ojos se cruzaban al tratar de enfocar el objeto, sus manitas se movían frente a él sin control y sus piernas parecían agitarse sin razón. Mientras esto sucedía, el sonajero permanecía en tu mano. Pero si en lugar de 2 meses, el niño tenía 5 o 6 cuando le mostraste el sonajero, quizá falló una vez o dos, pero rápidamente logró cogerlo.

Pocos padres se sorprenden del tiempo que tardan los bebés muy pequeños en aprender algo tan complicado como agarrar un objeto con la mano. En fin de cuentas, en este acto tan sencillo intervienen muchas habilidades. Lo mismo sucede con las señales del bebé. Cuanto más pequeño sea el niño, más difícil le resultará unir todos los elementos al mismo tiempo: la memoria, la habilidad motora y la atención necesaria para aprender las primeras señas. Por eso un bebé de más edad, de 6 o 7 meses, aprende a hacer las señales del bebé con más facilidad. Pero independientemente de la edad que tenga tu bebé cuando por fin realice su primera seña, una vez que aprenda las primeras, no le costará mucho trabajo aprender bastantes más.

Dado que un bebé de mayor edad aprende mejor y más rápido las señas, quizás estés pensando por qué no esperar a que crezca un poco. Una razón para no esperar es, simplemente, que sería una pena desperdiciar las muchas oportunidades para comunicarte con tu bebé que se plantean en esos meses de espera. Pero también se perdería otra cosa. Recuerda que nuestras investigaciones nos han mostrado que la experiencia con las señales del bebé decididamente ayudan a que el bebé aprenda a hablar. Éste tiene que oír

muchas veces las palabras para poder aprenderlas. Hemos comprobado sistemáticamente que, al empezar a utilizar las señales del
bebé, los padres «hablan» mucho más con sus hijos: nombran objetos, hacen preguntas, buscan oportunidades para hacer las señas.
Toda esta plática se traduce en muchos ejemplos que muestran
cómo decir las cosas con palabras. De hecho, muchas veces hemos
descrito a los bebés que usan señales como bebés «bañados en palabras». Aunque un niño elija al principio usar señales, oye las palabras y comienza a almacenar en su memoria cómo suenan. Un
poco más tarde, cuando su boca alcanza la madurez de su mente,
esta memoria está disponible para ayudarlo a decir las palabras. Así
pues, empieza a hacer las señales en cuanto consideres que tu bebé
está listo para ello.

Recuerda también que cada bebé es único. A veces es imposible determinar por qué los bebés responden a las señales a diferentes ritmos. Sólo podemos decir que así sucede. Considera, por
ejemplo, las experiencias de Samantha y Robin. Ambas tenían 12
meses cuando sus padres empezaron a usar las señales del bebé. Samantha era muy activa y ya mostraba interés por compartir cosas
con los que la rodeaban, un buen indicio de que estaba lista. Samantha captó la primera seña en 2 semanas, sorprendiendo a su
madre al «oler» para indicar una flor cuando estaban en el jardín.
De ahí en adelante, nada la detuvo para comunicarse y aprender
señas. En los 2 meses siguientes, agregó 20 señas a su repertorio y
también algunas palabras. Con un «vocabulario» tan impresionante, Samantha ha sido uno de los bebés de 14 meses más charlatanes
que conocemos.

La experiencia de Robin fue diferente, pero también culminó
con éxito. A los 12 meses, Robin era una niña muy alegre, a la que
le agradaba jugar con sus juguetes favoritos, pero también se mostraba abierta con la gente, a la que sonreía y pedía con los bracitos
que la auparan. La madre de Robin empezó a usar las señales del
bebé en esta etapa; se mostró muy entusiasta y creativa buscando
formas para incorporarlas a su vida diaria y usarlas frecuentemente.

Pero, a diferencia de Samantha, Robin tardó 2 meses en hacer su primera seña. La ocasión fue la cena del día de Acción de Gracias, y la motivación, las flores del centro de mesa. Cuando toda la familia estaba reunida alrededor de la mesa y Robin se sentó en su trona para comer, vio por primera vez las flores. Sin dudarlo, miró a su madre, arrugó la nariz y «olió» las flores. La madre de Robin nos describió la expresión en la carita de su hija como si se hubiera encendido una bombilla. En 3 semanas, Robin agregó a su repertorio 15 señales nuevas. Y no se detuvo ahí, sino que agregó otras 35 hasta que empezó a hablar sin parar, a la edad de 18 meses. La paciencia de la madre de Robin fue recompensada con creces.

No hay forma de saber por qué el tiempo requerido por estas dos niñas de la misma edad para hacer sus primeras señas fue diferente. Los niños son únicos, y muchos factores influyen en el ritmo con que los bebés aprenden a usar señales. Nuestro mejor consejo es que observes a tu bebé en busca de las conductas que indican que está listo para aprender las señales, que introduzcas las señales sencillas para «principiantes» y que seas constante y paciente. De esta forma, darás a tu bebé mucho «alimento» para su mente, no importa cuánto tiempo tarde en realizar su primera seña. Tanto si tu pequeño es parecido a Samantha como si lo es a Robin, sabemos que encontrarás señales del bebé divertidas y satisfactorias desde el principio.

Capítulo 4

Introducción de señales más complejas

Una vez que tu pequeño ha captado las señales del bebé y observa, entiende y usa al menos algunas de las más básicas, empieza a introducir cuatro o cinco señas que tú decidas. A medida que tu bebé comience a mostrar pruebas de su progreso, añade algunas señas más. Cuando ya utilice alrededor de 6, puedes introducir libremente todas las señales que desees. Recuerda que el objetivo de las señales del bebé es enriquecer la relación con tu hijo facilitando la comunicación y simplificando la vida diaria. No es una competición que puede ganarse o perderse. Como en todos los aspectos del aprendizaje, es mejor gatear antes de caminar. Empieza lentamente, ten en cuenta el ritmo de tu bcbé, y ambos estaréis usando las señas en muy poco tiempo y sin daros cuenta.

ELECCIÓN DE SEÑALES NUEVAS

¿Qué señas debes agregar para aumentar el «vocabulario» de tu bebé? Observa en qué centra su interés, sobre qué cosa desearía hablar. Por ejemplo, si le gusta mucho Barrio Sésamo, jugar con la pelota o columpiarse en el parque, las señas relacionadas con estas actividades seguramente serán de su agrado. ¿Cuáles son sus alimentos favoritos? ¿Su juguete predilecto? ¿Qué animales llaman más su atención en los libros y en el zoo? ¿Hay cosas en casa que sean importantes o interesantes para hablar de ellas?

Cody, de 14 meses, vivía con su familia en una granja. Todos los días miraba fascinado a su padre subido al tractor. Como éste era un objeto importante en la vida de Cody, sus padres empezaron a usar como señal para decir *tractor* el gesto de coger un volante con las manos como si estuviese conduciendo. Cada día, al ver a su padre volver del campo, él hacía orgullosamente su señal, y la madre le decía: «¡Claro, papá ha llegado en el tractor!».

Otra familia enseñó a su hija Anya, de 14 meses, una señal para *ordenador*: mover los deditos, imitando el movimiento de escribir en el teclado. Al ser ambos padres maestros, Anya estaba acostumbrada a la pequeña caja con pantalla gris y teclas ruidosas. Disfrutaba muchísimo cuando aparecían y desaparecían letras y cosas en la pantalla, y con frecuencia pedía subirse a una silla para mirar la pantalla más de cerca y teclear ella sola. Anya aprendió la señal casi de inmediato, relacionando palabra, objeto y contexto, y pronto usó la seña para pedir permiso para «escribir» en el ordenador, lo que representó un importante progreso, dado que hasta entonces utilizaba los lloriqueos para llamar la atención de sus padres. Como el ordenador era importante para sus padres, también lo era para ella, y poder hablar de algo en común resultó divertido y muy productivo para todos.

Identifica las señales que serán útiles para ti y para tu bebé. La habilidad de Anya para pedir permiso para usar el ordenador ciertamente fue importante para ella, pero sin duda también lo fue para sus padres. Cualquiera que fuera la habitación en que se encontrase, Anya siempre podía comunicar claramente que lo que deseaba era jugar con el ordenador. Antes de utilizar las señales del bebé, los padres de Anya sufrían la frustración de saber que su hija quería decirles algo pero no podía hacerlo. Esto era particularmente frustrante en los momentos en que Anya deseaba o necesitaba algo pero simplemente no podía transmitirles qué era. Las expresiones del tipo «¡Uh, uh!» pueden significar tanto «Tengo hambre» como «¡Ese perro de la calle me asusta!». Una de las maneras más importantes en que las señales del bebé ayudan a los padres —o a cual-

Como a muchos niños de su edad, a Leanne le encantan los ositos de peluche. Su madre, aprovechando esta fascinación, utilizó la señal del bebé de abrazarse ella misma para osito. Leanne no tardó en repetirla, tanto para pedir su osito como para solicitar ver una película de Winnie Pooh.

quier persona que cuide a un bebé— es proporcionándoles señas
para comunicar necesidades habituales de todos los días. Un bebé
que puede pedir galletas cuando tiene hambre o su biberón cuando tiene sed o quiere leche, o que puede pedir «más» cuando desea más de algo, o avisar que «se acabó» lo que estaba comiendo,
será un bebé mucho más afable y más fácil de cuidar.

Muchos padres aprecian también el valor de otras señales que
ayudan a mantener a su bebé fuera de peligro. Por ejemplo, los padres de Keagan, de 12 meses, preocupados por la fascinación de su
bebé con la chimenea y la barbacoa, le enseñaron una señal para
decir *caliente*, soplando como si apagasen una vela, y empezaron a
usar esta seña regularmente junto con la palabra *caliente* cada vez
que Keagan se acercaba al hogar o a la barbacoa. Pronto entendió
el significado y empezó a usar él mismo la señal, para decir a sus
padres que sabía que ambos objetos estaban calientes e incluso para
decir que su comida o el agua de la bañera estaban calientes, aho-
rrando así lágrimas y tiempo. La utilidad de las señas fue especialmente notoria un día en verano, junto a la piscina. Su madre se di-
rigía hacia la piscina, y Keagan caminaba detrás de ella. De
repente, él se detuvo y empezó a «soplar» con mucha insistencia.
Al verlo, su madre se dio cuenta inmediatamente de que el suelo
estaba caliente. Corrió a su lado y lo alzó en brazos. Si Keagan se
hubiese limitado a llorar al quemarse los pies, seguramente se habría perdido un tiempo precioso.

Otras señales que ayudan a evitar peligros son *suave* para objetos frágiles o mascotas, *¡ay!* para objetos como alfileres o vidrio
roto, y *basura* o *sucio* para las pequeñas «porquerías» que todos los
niños encuentran en el suelo y llaman su atención. En otras palabras, las señales del bebé sirven para algo más que para designar objetos y hablar de flores y pajaritos. También pueden enseñar a tu
hijo lecciones importantes de seguridad.

Acepta las creaciones de tu bebé. Una vez que tu hijo se dé cuenta de que prestas atención a sus gestos, posiblemente encontrará

Una de las señales del bebé más populares entre padres e hijos es la de biberón o beber. *Aquí, Jasmine, de 12 meses, utiliza una forma típica de la misma para llamar la atención sobre el hecho de que el biberón se le ha caído al suelo.*

«¡Uy, eso está muy caliente!», nos dice Keegan, de 14 meses, usando su seña, consistente en soplar, para decir a todo el mundo lo que aprendió cuando se acercaba demasiado a la chimenea.

oportunidades para crear sus propias señas. De hecho, todos los bebés intentan usar gestos para comunicarse, incluso aquellos cuyos padres jamás han oído hablar de las señales del bebé. El problema es que la mayoría de los padres están tan concentrados en el aprendizaje del habla que ni siquiera advierten dichos gestos en sus hijos. El resultado es frustración en ambas partes.

> *Tras percatarse de las posibilidades de las señales del bebé, los padres de Jessica, de 12 meses, recuerdan cómo los miraba y se tocaba el pecho con ambas manos cada vez que la sentaban en su silla a la hora de merendar. No tenían ni idea de por qué Jessica hacía este gesto, y se frustraban al ver que ella se alteraba cada vez más. Una vez que conocieron las señales del bebé, por fin entendieron lo que Jessica necesitaba: ¡una servilleta! Cuando los padres comprendieron la «palabra» de su bebé, la hora de la merienda se volvió un deleite para todos. Jessica «solicitaba» con claridad y confianza su servilleta y sus padres gustosamente se la daban.*

Son muy comunes entre los bebés las creaciones espontáneas de señas como las de Jessica. Pon mucha atención a las acciones no verbales de tu bebé, pues podría estar tratando de decirte o mostrarte algo.

Elige movimientos sencillos. Si la palabra que deseas representar con una señal del bebé se encuentra entre las del siguiente capítulo, simplemente puedes usar las sugerencias que allí te brindamos. De lo contrario, piensa en gestos que tu bebé pueda imitar fácilmente. Abrazarte el torso con ambos brazos para *osito*, por su naturaleza amorosa; mover la mano de arriba abajo para representar cómo bota una pelota o balancear la mano imitando el movimiento de un columpio son gestos sencillos y señas claras que tu bebé puede realizar muy fácilmente. Presta atención a las actividades físicas que ya puede hacer y aprovéchate de ellas para crear señales nuevas. Recuerda que siempre puedes modificar una seña si crees que es difícil o que no es muy sencilla para tu bebé.

Una familia modificó la señal para *gatito* queriendo hacerla más fácil para su hijo Jeremy. Empezaron tocándose las mejillas con ambos dedos índices, desde la nariz hacia las orejas, como si fuesen los bigotes de un gato. Pronto se dieron cuenta de que a Jeremy le resultaba difícil coordinar este movimiento, por lo que pasaron a hacerlo sólo con una mano y una mejilla. Rápidamente, el niño comenzó a imitar esta señal y a buscar gatitos por doquier: en la televisión, en el parque, en libros, incluso en la sección de alimentos para gatos del supermercado.

FACILITAR EL APRENDIZAJE

Cuando lo creas conveniente, además de mostrar una señal a tu bebé, también puedes mover sus manitas para ayudarlo a hacer el movimiento de la seña. Probablemente recordarás por experiencia propia lo útil que resulta que un experto te ayude a poner las manos en la posición correcta, ya sea para aprender a sostener un palo de golf o para coger una guitarra o una raqueta de tenis. De esta manera, rápidamente sabes cómo has de sentir el palo o la raqueta en la mano, lo cual te ayuda a hacerlo posteriormente por ti mismo. Los bebés no son diferentes. De hecho, al tener menos experiencia, obtienen más beneficio que nosotros cuando se les proporciona ayuda. Hay que tener en cuenta, sin embargo, que los bebés pueden ser muy independientes en ocasiones. Algunos aceptan de buen grado la ayuda, pero otros prefieren hacer las cosas por sí mismos. Sólo hay que prestar atención a la respuesta del bebé para asegurarse de que le agrada ser ayudado. Al igual que en cualquier otra situación, es muy importante que estés pendiente de las preferencias de tu hijo.

Saca provecho de los libros. Al leer libros infantiles, cada dibujo provee una oportunidad nueva para usar las señales del bebé. A los

Esta señal del bebé para abeja *o* bicho *requiere un movimiento muy sencillo que los bebés pueden imitar con facilidad: el dedo pulgar y el índice tocándose repetidamente. Con este gesto a su disposición, Emily, de 14 meses, se convirtió en una verdadera detectora de insectos, y lo usaba con mucha frecuencia para indicar todas las cosas pequeñas que se movían.*

niños les encanta hojear libros de dibujos con sus padres y, ante cada hoja, mirarlos para decirles con señas lo que están viendo. Pronto descubrirás que estos libros constituyen una fuente excelente de señales nuevas. Los libros con las primeras letras suelen tener el dibujo de un objeto que empieza con cada letra; estas letras pueden traducirse en señales: la A para Araña (frotar ambos dedos índices uno contra otro), la B para Babero (tocarse repetidamente el pecho con una mano), la C para Canguro (tocarse repetidamente la barriga con ambas manos) y así sucesivamente. Pero no creas que debes tener una señal para cada letra; sólo has de aprovechar las oportunidades que se presentan para introducir señas nuevas que aún no has probado.

Los libros de historias sencillas, llenos de dibujos de animales y objetos, son muy fáciles de representar con señas. A los niños les encanta leerlos una y otra vez, lo que facilita el empleo de las señas en el contexto adecuado. Observa con detenimiento si hay algo en especial que llame la atención de tu bebé al hojear los libros. Prueba algunas señas y disfruta la oportunidad que las señales del bebé te dan para interactuar y convivir con tu bebé. Cuanto más vea tu bebé que usas las señales al ver sus libros favoritos, más rápidamente podrá «hablar» acerca del perro, el gato o el pájaro de las ilustraciones.

Las canciones y los juegos son formas divertidas de aprender nuevas señas. Enseña a tu bebé una seña para un determinado animal mientras cantas una canción en la que éste sea el protagonista. Después usa la nueva seña para nombrar muchos de esos animales, los verdaderos, los de goma o los de las fotografías o ilustraciones. El objetivo es dar a tu bebé muchas oportunidades para aprender, por ejemplo, que la acción de frotar sus dos deditos índices significa *araña*. También puedes inventar pequeños poemas y juegos para introducir señas nuevas. Uno que nosotras usamos es:

*Emma, de 15 meses, y su madre disfrutan juntas un libro ilustrado.
Como es habitual entre los niños que saben utilizar las señales del bebé,
Emma es capaz de «hablar» a su madre de la mariposa que aparece en la
página.*

El cocodrilo, cocodrilo muerde tu nariz.
El cocodrilo, cocodrilo te muerde los pies.
El cocodrilo, cocodrilo nada alrededor.
El cocodrilo, cocodrilo es buen nadador.

Usando una seña para *cocodrilo* (las manos extendidas, con las muñecas juntas, abriéndolas y cerrándolas para imitar la boca de un cocodrilo), con las manos «muerde» la nariz del bebé, «muerde» los pies y nada (moviendo ambas manos con las palmas juntas con movimientos ondulatorios como la cola de un pez).

Estos juegos y poemas inventados son muy divertidos y fáciles de repetir. Pero lo mejor de todo es que con ellos el aprendizaje resulta muy divertido. Para ayudarte, en el capítulo 10 te sugerimos algunos poemas que se prestan muy bien para utilizarlos con las señales del bebé.

Haz que las señales del bebé sean una actividad familiar. Estas señales enriquecen las interacciones familiares y, por consiguiente, estimulan a todos a participar. A los hermanos mayores les encanta ayudar a los bebés a aprender señas nuevas. También les resulta más divertido leerles un cuento utilizando las señas del bebé. Unos padres pidieron a su hija mayor, de 6 años, que hiciera dibujos de las señas que aprendía el bebé: flores, pájaros, peces, tortugas y monos. Fijaron sus creaciones en la puerta del frigorífico con imanes, en las ventanas e incluso en su camiseta favorita. A la niña le fascinaba mostrar sus dibujos y enseñar al bebé las señas correspondientes. Como podrás imaginar, se mostró muy orgullosa cuando su hermano comenzó a hacer las señas él mismo. Dada la dificultad que tienen muchos padres para ayudar a sus hijos a que acepten la llegada de un nuevo hermanito, es importante hacer partícipes de las señales del bebé a los hijos mayores para que todos trabajen en equipo.

A los abuelos también les gusta formar parte del equipo, y adoran presumir del nieto que «habla» antes de saber hablar. Una vez

Los mejores maestros de las señales del bebé suelen ser los hermanos mayores. Aquí vemos a Brandon, de 4 años, mostrando la seña para libro a su hermana Leanne. Al parecer, sus esfuerzos han dado buenos resultados.

que son conscientes de que las señales del bebé verdaderamente ayudan a aprender a hablar, se vuelven mucho más entusiastas. No es un secreto que los abuelos disfrutan mucho al enseñar juegos y canciones a los nietos. Y ambos son una gran fuente de señas. Montarse en las piernas del abuelito o hacer juegos de manos con la abuelita son recuerdos muy queridos por todos los niños, y la posibilidad de pedir estos juegos a los abuelos con las señales del bebé añade más placer aún.

Finalmente, si tu pequeño acude a una guardería o tiene niñeras regularmente, es conveniente incluirlas en el proceso de las señales del bebé, para que te ayuden a enseñar a tu hijo. De hecho, los cuidadores en las guarderías o las niñeras son tan entusiastas como los padres a la hora de usar las señales del bebé, y no es muy difícil adivinar por qué. Un niño en etapa preescolar puede hablar sobre lo que necesita, pero un bebé más pequeño, aunque ya camine, sólo puede desear que alguien logre interpretar sus gestos no verbales. Las señales del bebé aumentan las oportunidades de que esto suceda, haciendo que la transición de la casa a la guardería sea mucho más fácil. Después de todo, ¿no nos sentimos más seguros los adultos en un ambiente donde somos entendidos? ¿Por qué habría de ser diferente para los bebés? También observamos que cuando los padres y cuidadores comparten los progresos del bebé con las señas, aumentan la cooperación y el respeto mutuos. En definitiva, todo el mundo gana.

Capítulo 5

Uso avanzado de las señales del bebé

De repente, fue como si se encendiese una luz en su mente y empezó a captar una seña tras otra. Sólo observaba mis manos o mi cara, o lo que fuese. Y entonces nos dimos cuenta de que ¡las estaba combinando en breves frases! Un avión o algo desaparecía, y ella me decía: «Avión [brazos extendidos hacia fuera] se acabó [mover una mano hacia abajo, de izquierda a derecha]». ¡Fue increíble!

Madre de Laney, de 15 meses

Los bebés, como todo el mundo, aprecian mucho los placeres recién descubiertos, sean juguetes, sabores o habilidades. Considera a título de ejemplo aprender a caminar. Entre los 9 y los 15 meses, los bebés desarrollan la capacidad física de mantenerse en equilibrio sobre las piernas y se aventuran al espacio en un paso que parece tambaleante. ¡Qué viaje tan impresionante! Tanto literal como figuradamente hablando. No hay duda de que los bebés se deleitan con esta capacidad recién descubierta y ven destinos potenciales en todos lados, desde el delicado jarrón de cristal al otro lado del salón hasta el extraño perro que está en medio del parque. Así, nuestros bebés previamente confinados al suelo, de repente caminan y corren, mientras que los padres nos encontramos por primera vez siguiendo a nuestros bebés en lugar de guiarlos por el mundo.

Algo similar e igualmente encantador sucede cuando los bebés captan las señales del bebé. Como refiere la mamá de Laney, es como si una luz se encendiera en su mente. Los bebés parecen entender repentinamente cómo funciona el juego de nombrar cosas y les encanta encontrar objetos sobre los cuales hablar. «¡Ajá! ¡Conque era eso! Abro la boca bien grande y mamá entiende que estoy hablando del hipopótamo.» Casi sin notarlo, forman realmente parte de un mundo donde hay comunicación *bilateral*, y están ansiosos de llevarnos la delantera. Los adultos no son los únicos que hablan, sino que las conversaciones pueden empezar cuando el bebé así lo desee.

Con cada nueva señal del bebé a su disposición, este conocimiento se refuerza cada vez más. Al hacerlo, los bebés empiezan a escuchar con mucha más atención lo que les dices y a observar más detenidamente lo que haces. Se vuelven ansiosos por usar su nueva herramienta de conversación y por dedicarse a explorar el mundo.

A través de los años, hemos observado en muchos niños la libertad de expresión que permiten las señales del bebé. Cuando ellos descubren esto, invariablemente enseñan a los adultos una lección muy importante: el mundo es, en efecto, un lugar sorprendente, lleno de cosas nuevas que ver, oír, sentir y oler; lleno de texturas, colores y sabores. Con la ayuda de las señales del bebé, encuentran cosas para hablar que ni los mismos adultos sabían que existían: el gusano arrastrándose sobre la hoja para llegar al tallo de una planta o la piedra gris que se vuelve rojiza al mojarla. Abren unos ojos como platos ante la jirafa en el zoo o la gallina en el corral. Cazan mariposas y ranas y hacen migas con el viento. Y empiezan a contarnos todo al respecto. Cuando exploran los escondrijos y rincones a su alrededor con tanta ansiedad, se muestran todavía más interesados en compartir sus experiencias y aventuras con nosotros. Y al tiempo que descubren cosas por primera vez y

¿Eso que hay sobre la mesa es un hipopótamo rojo? Kai, de 14 meses, usa su señal del bebé (boca muy abierta) para decirnos que, en efecto, así es. Kai hizo su primera seña a los 12 meses; tres semanas después ya tenía doce señas en su repertorio. Cuando empezó a articular palabras, a los 19 meses (¡aprendió sesenta en un mes!), Kai ya sabía más de cuarenta señales del bebé.

compartimos su alegría, nos brindan el maravilloso regalo de redescubrir todo también nosotros. Para muchos padres, esto es lo más maravilloso de la paternidad: volver a ver el mundo a través de los ojos de un niño. La belleza del lenguaje es que facilita este proceso de compartir. Lo formidable de las señales del bebé es que con ellas no es necesario esperar a que el pequeño hable para compartir todo esto con él.

Pero ¿cuáles serán exactamente las experiencias una vez que tu bebé domine las señales? A eso vamos. A partir de nuestra experiencia en la observación de los bebés que hemos estudiado en los últimos 10 años y de los cientos de historias que nos han contado, esperamos poder transmitir algo de la creatividad y el entusiasmo con que los bebés han usado las señales.

POR AQUÍ, POR ALLÁ Y POR TODAS PARTES

¿Recuerdas cuando, al saber que estabas embarazada, o que tu esposa lo estaba, empezaste a ver mujeres embarazadas por todas partes? ¿O cuando finalmente te decidiste por una marca de coche e inmediatamente comenzaste a ver miles iguales por las calles? ¿De dónde salieron todos? ¿Es que las grandes mentes piensan todas igual? La respuesta, claro esta, se halla en la mayor atención derivada de tu propia situación. Es como si tuvieras un radar que inconscientemente explora a tu alrededor las cosas que momentáneamente son importantes para ti. Lo mismo sucede al bebé cuando aprende una palabra o seña nueva. Con una nueva «etiqueta» en su poder, encuentra ejemplos de ello por todas partes, incluso en lugares que tú, ingenuamente, no puedes creer que existan.

Tomemos, por ejemplo, a Kai, cuyas señales del bebé adquiridas muy tempranamente incluían un gesto de aplaudir sus manitas para decir cocodrilo. Sus padres le mostraban muchos cocodrilos en libros y en el zoo. Kai comprendió la seña a los 13 meses y empezó a encontrar cocodrilos por todas partes. Un ejemplo sorpren-

Bryce, de 12 meses, que aparece aquí con su madre, Karen, empezó a usar las señales del bebé a los 8 meses. Tal como ocurrió con su hermana mayor, Cady, la señal de oler arrugando la nariz para decir flor *fue una de las primeras, y también la favorita durante mucho tiempo.*

dente de esto sucedió un día en que fueron de compras. Su madre
llevaba a Kai en su cochecito tan rápido como podía de un lado a
otro, cuando de repente el pequeño empezó a hacer gestos con la
cara y a aplaudir, con una expresión de deleite en el rostro. «¿Qué
sucede, has visto un cocodrilo en la tienda?», preguntó su madre.
Ante la insistencia de Kai, su madre observó con más detenimiento y, para su sorpresa, encontró muchísimos cocodrilos (pequeñi-
tos, de no más de 3 cm de largo), ¡anunciando camisas de hombre
en el escaparate de la tienda que acababan de pasar! «¡Sí, los veo,
mira todos esos cocodrilos tan bonitos! Qué pequeños son, ¿verdad? Vaya, que buena vista tienes para tus 13 meses.» Kai estaba
encantado y muy orgulloso. Su madre entendió rápidamente y estuvo junto a él en este gran descubrimiento. Participó en su mundo, a su ritmo, algo que habría sido imposible si su bebé se hubiera limitado a señalar con el dedo y decir: «Uh, uh, uh».

Muchas madres nos cuentan historias como ésta a menudo.
Eli, de 14 meses, hacía que cada visita al supermercado fuera una
ocasión especial con su seña para decir *manzana*. Miraba las manzanas de diferentes colores y formas, los envases de zumo, las con-
servas, los pasteles, incluso las tarjetas de felicitación. Su madre,
como muchos de nosotros, no se había percatado de la invasión de
manzanas en los pasillos del supermercado hasta que Eli empezó a
mostrarle todas las que veía. De igual manera, Trina, de 15 meses,
tenía como seña favorita la de *pájaro*. Todo el mundo cree que es
normal encontrar pájaros cuando mira por la ventana o en el parque, pero ¿en la iglesia? Pues sí, como adorno del altar principal en
una vidriera, había no una sino dos palomas muy adornadas, símbolos de la paz para todos los fieles, pero simples pájaros para Trina.
Por lo menos, el uso de las señales del bebé resultó una manera de
hablar de ellos quietecita.

Como estos padres, vosotros os encontraréis igualmente fasci-
nados ante la capacidad de observación de vuestro bebé. En efecto, el hecho de ser un bebé no implica que no haya una gran cantidad de actividad mental en su cabecita. Y cada vez que vuestro

bebé os dice algo con una señal del bebé, os proporciona un reflejo momentáneo de esa actividad y os brinda la oportunidad de responder apropiadamente y con entusiasmo. En este sentido, las señales del bebé son realmente una ventana muy útil a la mente de vuestro hijo.

SEÑALES CREADAS POR EL BEBÉ

Como ya hemos mencionado en el capítulo 4, los padres no son los únicos que inventan señales. Los bebés también las crean. En fin de cuentas, fue la hija de Linda y no ella la que decidió *oler* para decir flor y *soplar* para decir pez. Kate fue la pieza creativa aquí, y Linda se limitó a seguir a la artista.

De hecho, estamos convencidas de que la mayoría de los bebés, en su ansia por comunicarse, intentan usar gestos. El problema es que los padres casi nunca se dan cuenta de ello. Linda finalmente cayó en la cuenta sólo porque observaba a los bebés de una manera profesional. Pero quién sabe desde hacía cuánto tiempo Kate intentaba comunicarse... Quizá estaba a punto de darse por vencida en el momento en que Linda finalmente la entendió. Por fortuna, tú no cometerás el mismo error. A diferencia de otros padres, no estarás tan pendiente de escuchar «palabras» como para pasar por alto las primeras señales de tu bebé.

Es especialmente importante estar alerta a estas señas una vez que el bebé empieza con ellas. El empleo de las señales del bebé por los padres constituye una luz verde que indica que estáis abiertos a este canal de comunicación. Tu bebé, al darse cuenta de esto, es muy probable que experimente con señas propias. El truco es saber observar. Busca gestos y conductas poco habituales de tu bebé, que parezca hacer repetidamente y con determinación, acciones sencillas combinadas a tiempo con cosas a su alrededor. Muchas veces, pero no siempre, estas acciones estarán acompañadas de una mirada hacia los padres, como si se cerciorase de que éstos hayan entendido. Es lo que los padres de Jessica, mencionados en el capítulo 4, finalmente advirtieron. Cuando Jessica se tocaba el pecho y los miraba, estaba intentando comunicar *servilleta*, y una vez que lo entendieron, la hora de la merienda resultó mucho más placentera.

Jessica eligió la señal de tocarse el pecho. Esto también nos da una lección importante acerca de la clase de señales que los bebés tienden a elegir. Nuestra investigación ha demostrado que los bebés toman en cuenta como mínimo dos fuentes para idear sus propias señas. Primero, como la hija de Linda, copian consciente o inconscientemente gestos de aquellos que los rodean, como el gesto de frotar los dos dedos índices para decir *araña* a partir de un cuento sobre este animal o el gesto de soplar para decir *pez*. Pero los bebés también son grandes observadores del medio que los rodea. Se dan cuenta de cómo son las cosas y para qué sirven y, a continuación, deciden cómo transmitir ambas características a través de un solo gesto, aunque nunca antes lo hayan visto. Así, por ejemplo, Jessica advirtió que las servilletas cubren el pecho de la gente. Otros bebés que hemos estudiado se han dado cuenta por sí mismos de que los perros jadean, las pelotas ruedan, el viento mueve las cosas, los sombreros cubren las cabezas, las luces de Navidad se encienden y se apagan y los columpios se balancean hacia atrás y hacia delante. En cada caso, el bebé adaptó espontáneamente las características del objeto para hacer una señal del bebé. Afortunadamente para estos bebés, sus padres fueron lo bastante listos para darse cuenta de lo que sucedía.

Brandon, de 17 meses, nos brinda un ejemplo particularmente enternecedor de la creatividad de los bebés. Sus padres y abuelos hacían las señales del bebé desde que él tenía 9 meses. Con su ayuda, aprendió *gatito*, *perro*, *más* y muchas otras señas que le eran muy útiles. Sin embargo, nadie pensó en inventar para él una seña para uno de sus objetos favoritos: la cámara de fotos. ¿Por qué la cámara? Brandon no era sólo el primogénito, sino también el primer nieto de la familia. En su corta vida le habían sacado tantas fo-

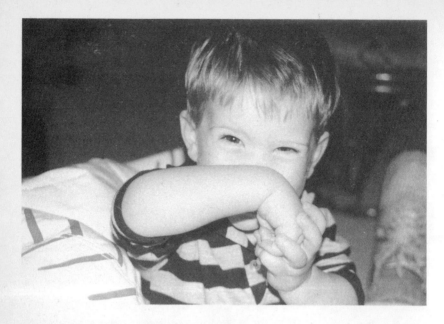

*La fascinación de Brandon por ser fotografiado le llevó a crear su propia
señal del bebé para cámara (arriba). No hubo ningún problema a la hora
de descifrarla. Su entusiasmo le impulsó a ayudar a su hermana menor,
Leanne (abajo), a hacer la misma señal.*

tografías que había visto una cámara ¡casi con tanta frecuencia como su biberón! De hecho, a los 17 meses bastaba con mostrarle la cámara para que sonriera o hiciese alguna gracia. En otras palabras, la cámara era un objeto muy significativo en su vida diaria. Así, a nadie le sorprendió cuando un día Brandon colocó su mano derecha formando un círculo sobre el ojo y miró a través del «agujero» formado. Fue un gesto tan descriptivo para decir cámara que no hubo problema a la hora de entender lo que Brandon quería. Alegre, su madre, Lisa, fue a por la cámara y tomó una fotografía de Brandon sonriendo muy contento.

Al igual que Brandon y Jessica, tu bebé puede sorprenderte al inventar una o dos señales propias. Sólo tienes que estar abierto, atento, mostrarte muy receptivo, observador y entusiasta. Si adviertes una seña, tu respuesta apoyará automáticamente la confianza del bebé en su capacidad para comunicarse y estimulará toda una cascada de lenguaje. Además, te dará la satisfacción de saber que eres sensible a las necesidades de tu bebé.

LAS SEÑAS COMO METÁFORAS

«*Su cara es como un libro abierto.*»
«*Me di cuenta de sus sentimientos como si él fuese transparente.*»
«*Mi amor es como una rosa roja.*»
«*Al patinar sobre hielo, parecía un hipopótamo bailando, girando fuera de control.*»

Una de las formas más creativas en que utilizamos el lenguaje es para destacar características comunes entre las cosas. Estas características pueden ser especialmente informativas, bellas o incluso cómicas. Estos paralelismos se denominan metáforas o similitudes. Este tipo de creatividad representa al poeta que todos llevamos dentro. Probablemente te sorprenderá, igual que a nosotras, saber

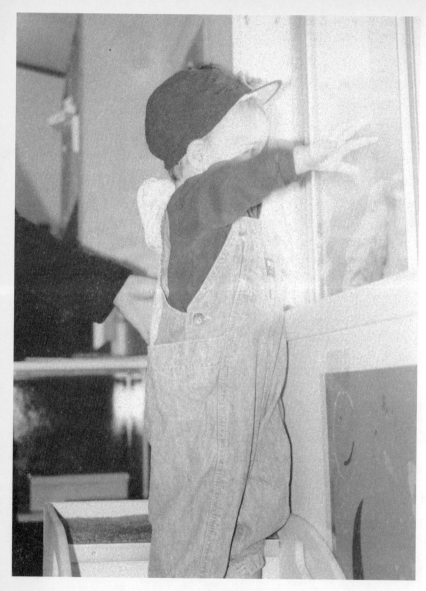

Entre las señales que el bebé aprende al observar la naturaleza figura la de lluvia. Aquí, Turner, de 17 meses, la usa para decir a su madre lo que está viendo por la ventana.

que esta capacidad empieza a desarrollarse muy temprano en la vida.

Cuando tu bebé hace sus cosas, absorbiendo información acerca de todo lo que lo rodea, inevitablemente acabará por advertir paralelismos que lo intriguen. ¿Y qué hacen los bebés cuando ven algo que les interesa? Igual que con el gusano en la hoja o el avión en el cielo, siempre están ansiosos por compartir sus descubrimientos. Con el lenguaje pueden hacerlo, pero las señales del bebé les permiten hacerlo mucho antes. Simplemente, toman prestada una señal del bebé para un objeto que es similar al que están intentando comunicar y sonríen, esperando ser felicitados por su gran inteligencia. Así nace la primera forma de la metáfora.

Uno de nuestros ejemplos favoritos de una metáfora con señales del bebé nos lo brindó Sandy, la madre de Levi, de 18 meses, quienes vivían en el caluroso estado de California. Una de las primeras señales de Levi fue la señal para el ventilador giratorio del techo, muy común en las casas de esa región. Levi levantaba y giraba la manita, como si imitase las aspas giratorias del ventilador. Un día, esta señal dio a Levi justo la metáfora que él necesitaba para compartir la excitación que le produjo ver otro objeto que volaba sobre sus cabezas: un helicóptero. Con sus ruidosas palas giratorias, evidentemente se asemejaba a un ventilador, aunque algo diferente del que colgaba del techo. La satisfacción de Levi al darse cuenta de su propio ingenio fue muy evidente, pues hizo la señal y sonrió abiertamente a su madre. «¡Bien pensado, Levi! Tienes razón, eso sí que parece un ventilador. Es como un avión con un ventilador encima, y se llama helicóptero.» La metáfora de Levi permitió a su madre felicitarle por su aguda percepción y darle información importante y nueva que él claramente ya estaba listo para recibir. Una vez más, las señales del bebé ayudaron a conseguirlo.

Un paseo por el parque por la tarde fue la ocasión para otra metáfora con señales del bebé. La familia de Lucy, de 16 meses, acababa de regresar de un fin de semana de acampada, en el que Lucy había demostrado estar especialmente impresionada con las estrellas y la luna. Debido a que había vivido la mayor parte de su corta vida en un apartamento en la ciudad, nunca había visto la grandiosidad de un cielo estrellado por la noche. Mientras Lucy observaba el cielo en brazos de su padre, éste hizo dos señas, una para *estrellas* y otra para *luna*. Sencillamente le pareció una forma natural de prolongar un momento muy agradable con su hija en brazos. Lucy ya era una experta en las señales del bebé y comprendió ambas señas rápidamente. De inmediato movió sus deditos para decir *estrellas* y realizó movimientos circulares con la mano derecha sobre su cabeza para decir *luna*.

Al día siguiente, ya en el hogar, surgió la ocasión para la metáfora de Lucy. Mientras paseaba por un pequeño parque en la ciudad, Lucy levantó la mano sobre la cabeza y miró a su padre con ojos expectantes. «¿La luna, Lucy? No veo la luna en este momento», dijo su padre. Cuando Lucy repitió la seña unos metros más adelante, su padre miró alrededor con mayor detenimiento. Esta vez resultó claro lo que Lucy intentaba decirle: las farolas de la calle, unos postes muy altos con grandes globos de vidrio, que habían visto muchísimas veces pero no habían observado detenidamente; con sus redondos globos y su brillante luz, se parecían sin duda a la luna. La descripción de su padre sobre este episodio nos proporciona uno de los beneficios indirectos de las señales del bebé: «Puede parecer extraño, pero cuando Lucy hizo eso, me enseñó algo importante: si miras con nuevos ojos un lugar incluso muy conocido, te sorprenderá comprobar todo lo que ves».

Otros bebés también han mostrado una creatividad similar: Cady, de 11 meses, que llamó «flor» al brócoli de su plato; Elizabeth, de 18 meses, que usó «elefante» para la aspiradora; Austin, de 16 meses, que llamó «mono» a un joven con mucho vello; Carlos, de 17 meses, que se refirió a la máquina para lavar coches como «lluvia». La investigación de muchos laboratorios, además del nuestro, nos indica que la mera disponibilidad de un nombre, ya sea seña o palabra, vuelve a los bebés mucho más observadores de lo que ocurre a su alrededor. Estas metáforas con señales del bebé nos denuestran claramente que es así.

Señales en oraciones

«Se acabó beber.»
«¿Dónde gatito?»
«¡Perro grande!»
«Más galleta.»

Kristen, a la edad de 14 meses y 10 días

No cabe duda de que la sola palabra *¡Más!* emitida por cualquier bebé transmite información muy importante. Pero no puede pasarse por alto que la combinación *¡Más galleta!* resulta todavía mejor. Los bebés parecen darse cuenta instintivamente de esto y, por esa razón, realizan la difícil tarea de aprender a unir dos símbolos, formando así sus primeras oraciones.

Si preguntas a cualquier lingüista, te dirá que la aparición de estas pequeñas oraciones es un logro impresionante en la vida de un bebé, tanto como la primera palabra. Aunque a nosotros nos parezcan simples, estas combinaciones de dos símbolos reflejan un enorme avance en las capacidades cognitiva y de memoria del bebé. También le permiten ser un comunicador más efectivo, reduciendo la frustración de todos y agregando un placer enorme a las interacciones sociales. Claramente entonces, cuanto antes logre este avance el bebé, mejor.

¿Cuándo se produce esta transición tan importante? La respuesta tradicional a esta pregunta es alrededor de los 20 meses, aunque muchos bebés no lo hacen hasta el tercer año de vida. Pero ¿esto significa que los logros de la pequeña Kristen son excepcionales? Sólo tiene 14 meses y ya es capaz de transmitir mensajes más complejos. ¿Cómo lo logró? ¿Es un bebé superdotado o un genio de la lingüística? La respuesta, por sorprendente que te parezca, es «probablemente no». De hecho, la actuación de Kristen es la que cabe esperar de los bebés que usan las señales del bebé. Con un arsenal de señas a su disposición, no necesitan esperar a hablar y decir las palabras para empezar a usarlas en oraciones. La necesidad de comunicarse está presente, las señas están disponibles y los bebés simplemente «actúan naturalmente», combinan señas con señas o señas con palabras. ¡Listo! Ya tenemos oraciones.

Así fue como la pequeña Kristen, motivada por su deseo de tomar más leche, encontrar al gatito, dirigir la atención de su madre hacia el perro que la asustó y comer otra galleta, formó oraciones uniendo dos señas para transmitir mejor su mensaje. En otras ocasiones, echó mano de las pocas palabras que sabía y las combinó con una o dos señales del bebé. A los 14 meses, Kristen ya dominaba los recursos intelectuales necesarios para formar oraciones. Piensa acerca de esto. Se produce 6 meses antes de lo que cabría esperar.

Kristen no está sola en esta situación. Bebé tras bebé en nuestros estudios han deleitado a sus padres con pequeñas oraciones usando las señales del bebé. Los bebés demuestran que son mucho más inteligentes de lo que normalmente se cree. Lo que es más, la práctica que estos bebés logran combinando señas con señas, o señas con palabras, en realidad hace la transición a combinaciones de palabras mucho más fácil. Considera las siguientes combinaciones de señas:

- **Más + beber**: Muchos padres nos han descrito esta combinación. Quizá la más sorprendente fue la de Portia, de 22 meses, quien dijo a su madre en el zoo que el elefante estaba bebiendo agua por la trompa por segunda vez.
- **Se acabó + agua**: A Jennifer, de 20 meses, le gustaba mucho quedarse en la bañera hasta que toda el agua desaparecía por el desagüe. Una vez sin agua la bañera, usaba esta combinación para avisar a su madre de lo que había sucedido.

- **¿Dónde?** + **mono**: Una vez que Leanne, de 15 meses, se acostumbró al gran tamaño de los gorilas en el zoo, ellos fueron sus «monos» favoritos. A menudo usaba esta combinación cuando alguno de los gorilas se ocultaba en la cueva, al fondo de la jaula.
- **Perro** + **pelota**: «El perro tiene la pelota» fue el mensaje de Max, de 17 meses, a su padre, cuando el perro echó a correr con una pelota de tenis.
- **Más** + **comer** + **beber**: Esta extraordinaria combinación de tres señas sorprendió a la madre de Sabrina, de 20 meses, una tarde a la hora de la merienda. Fue obvio que Sabrina todavía tenía hambre y sed.
- **¿Dónde?** + **pelota** + **se acabó**: Otra combinación de tres señas, usada por Carlos, de 19 meses, para preguntar a su madre si sabía adónde se había ido la pelota.

A menudo, los bebés combinan también señas con palabras. Lo interesante de estas combinaciones, desde un punto de vista lingüístico, es que los bebés interpretan estos dos tipos de símbolos (gesto y vocal) como equivalentes. A los bebés que usan las señales no les importa el tipo de símbolo utilizado, sino sólo que el mensaje comunicado sea efectivo. Los siguientes son sólo algunos ejemplos de las muchas combinaciones que nos han descrito los padres:

- **Más** + **columpio:** A los 14 meses, Keesha usó esta combinación para pedir que la montaran otra vez en el columpio.
- **Se acabó** + **mariposa**: Dado que muchas cosas en el mundo de los bebés «desaparecen», es frecuente que los bebés digan «se acabó» utilizando la seña correspondiente. Esta combinación se empleó para explicar que una mariposa se había ido volando.
- **Grande** + **doctor**: No es raro que un bebé de 16 meses perciba a un doctor como una persona enorme. Esto es exactamente lo que Dillon quiso expresar en esta combinación de señal y palabra.

El zoo es un buen lugar para practicar señas de animales. Aquí vemos a Tristan, de 13 meses, usando su señal del bebé para mono, *con el fin de «hablar» a su familia de la estatua de gorila que acaba de ver. Pocos meses más tarde ya combinaba señas como ésta con algunas otras, incluyendo* más *y ¿*dónde?

«Mamá, ¿dónde está Mickey Mouse?» es básicamente lo que Kai, de 14 meses, pregunta a su madre mientras juega con su juguete favorito. Al principio usaba esta señal del bebé sola, pero a los 15 meses ya la combinaba con otras, como avión, pájaro, perro, libro y *muchas más.*

- **Sombrero** + **papi**: Como te diría un lingüista, la capacidad de expresar posesión es un gran paso para los bebés. Andrés, de 16 meses, usó esta expresión al ver sobre la mesa el casco que usaba su padre cuando montaba en bicicleta.
- **Agua** + **mía**: Megan, de 17 meses, quiso dejar bien claro a su compañera de juegos que el agua que se hallaba sobre la mesa era de ella.
- **Yo** + **comer** + **pájaro**: Esta combinación de tres símbolos fue usada por Alex, a los 17 meses, para informar a su madre de que era su turno para alimentar a los patos en el estanque. Advierte que la señal para *comer* es generalizada muy creativamente para indicar *alimentar*.

¿Te diste cuenta de que las señales del bebé para decir *más*, *se acabó* y *dónde* fueron muy frecuentes en todas las combinaciones presentadas? Hay una muy buena razón para ello. Estas tres señas, así como sus contrapartidas verbales, son muy fáciles de combinar con una gran variedad de objetos. Todas las cosas, desde botones hasta elefantes, pueden desaparecer («se acabó»), ser difíciles de encontrar («¿dónde?») o desearse de nuevo («más»). Con otras señas ocurre algo parecido. Muchas cosas pueden estar calientes o frías, ser pequeñas o grandes, estar dentro o fuera. Recuerda esto cuando elijas las señales que vas a enseñar a tu bebé. Disponer de algunas de estas señas en su repertorio aumentará las posibilidades de que use las señales del bebé para practicar y formar oraciones.

USO AVANZADO DE LAS SEÑALES DEL BEBÉ EN DIFERENTES DIRECCIONES

Una vez que un bebé aprende a caminar, no hay forma de saber hacia dónde se dirigirá o qué camino usará para llegar a su destino. Tomemos por ejemplo a dos bebés en medio del parque; mientras uno quizá corre hacia los columpios, el otro puede quedarse muy contento mirando las flores a su alrededor. Cada bebé es único. Lo que resulta interesante para uno quizá no lo es para otro. Lo que motiva a uno a correr a toda velocidad tal vez apenas incita a gatear a otro. La aventura de aprender las señales del bebé no es diferente de la aventura de aprender a caminar. Cuando empiezan con la experiencia de las señales del bebé, cada uno lleva consigo la historia de su propio desarrollo, su interés particular en la comunicación y su propio estilo de interactuar con el mundo. Hemos descrito diferentes formas de emplear las señales del bebé: para agudizar la atención en el entorno, para centrarse en similitudes, para empezar el reto de construir oraciones. Sin embargo, en este terreno, como en cualquier otro, prevalecen las diferencias individuales, y así, cada bebé usa las señales de la manera que mejor se adapta a él.

Historias con señales del bebé

A lo largo de los años de trabajo con las familias de los bebés, hemos escuchado historias verdaderamente fascinantes y conmovedoras que relatan la forma en que los niños han usado las señales del bebé para comunicarse. Estas historias han sido una de las partes más divertidas y excitantes de nuestro trabajo, pues han renovado nuestra energía cuando nos sentíamos exhaustas, han reforzado nuestra creencia en la importancia de la comunicación temprana y nos han brindado momentos de intensa alegría. Sin embargo, lo más importante es que estas historias nos motivaron a escribir este libro. Los padres nos manifestaban continuamente que se sentían afortunados por haber conocido las señales del bebé. Ellos compartían con nosotros su tiempo, sus hijos, sus historias, y nos alentaron a compartir los beneficios de las señales del bebé con vosotros. Era justo brindar a todas estas familias la oportunidad de compartir sus historias con vosotros. Las que siguen son algunas de nuestras historias favoritas.

«¡NO TE PREOCUPES, MAMÁ, QUE YO TE PROTEJO!»

Austin, de 14 meses, caminaba tambaleándose en el garaje, mientras su madre, Jackie, seleccionaba ropa de bebé para una subasta. De repente, al mover una gran caja de cartón, apareció una araña de largas patas, que comenzó a moverse hacia donde estaba Austin. Éste detectó la araña de inmediato. La miró, después miró a su madre e hizo la señal de *araña*. Jackie estaba a punto de decir «Es cierto, es una araña», cuando Austin, con sus pequeños pies y sus zapatillas nuevas, la pisó y la aplastó. En ese momento, Austin miró a su madre, que estaba muy sorprendida, y con una gran sonrisa de haber logrado algo importante hizo la seña de «se acabó».

A Jackie le impresionó la habilidad de Austin para describir este suceso de una manera tan compleja. Y no había duda alguna, ¡la araña se había ido definitivamente!

«Leed mi nariz»

Leannie, de 15 meses, y su abuela, Susan, disfrutaban de un helado en la terraza. Leannie daba una chupada y luego hacía la seña de «más» cuando estaba lista para hacerlo de nuevo, a lo que Susan respondía cada vez diciendo «¿Quieres más helado?», y Leannie contestaba «Uh, uh». Esta conducta se repitió unas cuantas veces. En un momento dado, Susan cogió una flor de una maceta cercana, se la dio a Leannie y luego prosiguió con el helado.

Al cabo de unos minutos, cuando Leannie hizo la seña de «más», Susan preguntó de nuevo «¿Quieres más helado?», a lo que Leannie contestó «No.» Sorprendida por la interrupción de la pauta, Susan preguntó: «¿Ya no quieres más helado?». Leannie hizo entonces la seña de «más» y después arrugó su nariz y olió (su señal del bebé para «flor»). «Oh —dijo Susan—, ¿lo que quieres es otra flor?» Una gran sonrisa se dibujó en la carita de Leannie al tiempo que decía «Uh, uh».

Cuando Susan cortó otra flor, una vez más pensó en el poder que las señales del bebé desarrollan en sus tiernas mentes: la capacidad para expresar pensamientos, sentimientos y deseos antes de que se desarrolle completamente la facultad de hablar.

El sol de mi hijo

Bryce, de 13 meses, a veces tenía dificultad para dormir durante toda la noche. Una mañana, justo antes del amanecer, se despertó y empezó a llorar. Al oírlo, su madre, Karen, despertó a su marido, Norm, y le dijo: «Es tu turno». Después de protestar, y sin muchas ganas, el padre se levantó y fue a consolar a su hijo, trabajo que no resultaba fácil.

Al advertir que sus intentos de arrullar a Bryce eran inútiles, Norm lo cogió en brazos y lo llevó a la terraza. Se sentó en la mecedora y empezó a mecerse lentamente. Sentado en la terraza a las 5.30 de la mañana, en lugar de estar acurrucado y dormido en su cama, Norm se sentía frustrado. Bryce, ahora más calmado, se dio cuenta de que el sol comenzaba a salir por el horizonte. Aún entre sollozos y con la carita llena de lágrimas, miró a su padre e hizo la seña de *luz*. El corazón de Norm se ablandó ante este acto. Abrazó a su hijo fuertemente y le dijo: «Tienes razón, Bryce, el sol está saliendo y por eso nos da toda su luz». Norm aún recuerda este suceso como uno de los momentos más felices que ha pasado con su hijo.

Una historia de peces con señales del bebé

Pez era una de las señales preferidas de Brandon, quien era todo un «detective de peces». Por dondequiera que iba buscaba peces y se deleitaba «contándoselo» a sus padres cada vez que veía uno. La historia favorita con señales del bebé de los padres era una referida a su primer paseo en avión a la edad de 15 meses. Cuando la familia completa ya estaba en sus asientos, Brandon miró por la ventana y empezó a mover los labios con mucho entusiasmo para indicar a sus padres, Lisa y Jim, que había visto un pez. En ese momento, ambos miraron por la ventana, pero la intensa lluvia sólo les permitió ver agua corriendo como ríos. No vieron nada que se pareciera a un pez, pero Brandon insistía y continuaba mirando la ventana y haciendo la seña «pez, pez, pez». Era evidente que deseaba que sus padres comprendieran lo que estaba comunicando, pero éstos no veían un pez por ningún lado.

De repente, la lluvia en la ventana ovalada del avión adquirió un aspecto familiar. Emocionados, los padres de Brandon respondieron a la vez: «Sí que se parece a nuestro acuario en casa. ¡Muy bien, Brandon, ahí es donde viven los peces!». Brandon sonrió muy contento al darse cuenta de que había tenido éxito en transmitir su mensaje. Jim y Lisa quedaron muy impresionados por la capacidad de observación de Brandon y por su habilidad para comunicarse. ¡Los demás pasajeros también se impresionaron mucho!

«EH, PAPÁ, ¿NO ME OYES?»

Keesha, un bebé muy audaz a los 15 meses, se terminó la galleta que Bill, su padre, le había dado. Como quería otra, hizo la seña de «más», pero Bill estaba viendo un partido por televisión y no respondió a su petición. Tras varios intentos sin obtener resultados, Keesha levantó las manos, las puso delante del rostro de su padre y repitió la señal para que la viera. Bill contaba que fue como si Keesha gritase «¡Más, más, más!».

Judy, la madre de Keesha, pensó que su conducta era muy interesante, pues esa misma mañana Keesha había gritado por primera vez algunas palabras. Ambos padres estaban en la cocina cuando oyeron que Keesha los llamaba, primero en tono normal y luego gritando: «¡Mamaaaaá, papaaaaá!». Esto les indicó que, para Keesha, las palabras y las señales del bebé significaban lo mismo.

«MIRA, PAPÁ, UN PÁJARO-CABALLO»

Micah, de 19 meses, y su padre paseaban por las tiendas cuando de repente Micah descubrió algo que llamó su atención. Muy excitado, empezó a hacer las señas de *pájaro* y *caballo* al mismo tiempo. Su padre le preguntó entonces si había visto un pajarito, a lo que Micah respondió negando con la cabeza y continuó haciendo ambas señas. Fue entonces cuando el padre de Micah captó el motivo de su agitación: un móvil de muchos colores colgado de una lámpara. El móvil consistía en unicornios con alas, que daban vueltas y vueltas. Micah había creado una palabra con una combinación de señales del bebé, algo no muy sencillo para un bebé tan pequeño.

ROBIN, REPORTERO DE CASCOS

Mark y Ellen viven en un pueblo donde la mayoría de la población utiliza la bicicleta como medio de transporte. Debido a la obligación de usar casco para circular en bicicleta, los cascos colgados en las bicis aparcadas al borde de la calle son algo muy común. De hecho, Robin, la hija de ambos, una pequeña muy activa con las señales del bebé, les hizo saber que los cascos se encuentran por todas partes. Ellen, Mark y Robin acababan de tomarse un helado y regresaban a su casa caminando por la calle. De pronto, Robin, con un gesto de preocupación, corrió hacia una bicicleta aparcada en la acera. Después de mirar por todos lados alrededor de la bici, se volvió hacia sus padres, quienes no tenían ni idea de lo que sucedía.

Debido a que Robin disponía de un repertorio muy amplio de señales del bebé y a que ya había comenzado a combinar señas para comunicarse, rápidamente fue capaz de explicar a sus padres lo que pasaba. Se tocó la cabeza y con las manitas palma arriba hizo la señal de «¿dónde?». Mark y Ellen entendieron inmediatamente las señales de *sombrero* y *dónde*. Robin continuó haciendo las señas y mirando a sus padres. Ellen no tardó mucho tiempo en entender que su hija preguntaba dónde estaba el casco de la bici.

Ellen y Mark estaban tan emocionados con esta increíble capacidad de comunicarse de su hija que al llegar a su casa nos llamaron para contarnos esta historia.

«CON CUIDADO, POR FAVOR»

Kathleen, directora de una guardería, desde hace varios años utiliza las señales del bebé como herramienta para facilitar la comunicación con los muchos bebés que están a su cuidado. Ella nos contó cómo ayudaron las señales del bebé a Tosha, una niña de 20 meses. En una ocasión, al cambiarle el pañal, Kathleen le cogió ambos tobillos para mantener juntas las piernecitas y facilitar la tarea. Tosha dijo entonces algo que se oyó como «tai». «Tosha, creo que estás intentando decirme algo, pero no te entiendo —dijo Kathleen—. ¿Podrías mostrarme lo que quieres?» Tosha levantó las manitas a la altura de la cara de la mujer y rozó el dorso de una mano con los deditos de la otra —la señal del bebé para *suavemente*— y repitió «tai». «Oh, Tosha —exclamó Kathleen—, debo de estar lastimándote los tobillos. Perdona, cariño, lo haré más suavemente.»

Kathleen nos cuenta que intercambios como el que acabamos de describir demuestran la utilidad de las señales del bebé en las guarderías y que por esa razón ella incluye las señales del bebé en los programas diarios de su institución. Enseña las señales del bebé a los cuidadores que trabajan con ella y a las familias de los niños que acuden a la guardería. También recomienda fervientemente que otros centros similares hagan lo mismo.

PERRO DORMILÓN

A los 11 meses, Zachary mostraba mucho interés por los perros; fue entonces cuando comenzó a hacer una seña, simulando la respiración jadeante de un perro, para decir *perrito*. La usaba varias veces al día para «hablar» de perros de verdad, fotografías de perros, perros en la televisión o cualquier cosa que pareciese un perro. A la edad de 13 meses, «hablaba» de perros incluso cuando oía un ladrido. Se llevaba el dedo índice al oído (la señal del bebé para *ruido*), miraba a sus padres y después hacia su seña de «perrito.» En los meses que siguieron, Zachary agregó varias señales del bebé e incluso algunas palabras a su repertorio, como *papi*, pero lo que más le interesaba seguían siendo los perros. Incluso usaba su señal de *ruido* para pedir que lo llevasen a la habitación de sus padres a fin de oír a Sooty, el perro de los vecinos (que, para desgracia de los padres de Zachary, siempre ladraba).

Una noche, cuando Zach hizo sus señas de «ruido» y «perrito», su madre le preguntó: «¿Oyes a Sooty? ¿Quieres ir a mi habitación para oírlo?». Zachary, emocionado, asintió con la cabeza. Sin embargo, una vez en la habitación, todo estaba en silencio. La madre de Zach dijo: «Oh, creo que Sooty está durmiendo». Decepcionado, pero sin dudar de su habilidad para «conversar» con sus padres, Zachary corrió al salón para darle la noticia a su padre. Zach gritó «¡Papi!» y después hizo las señas de «perrito» y «dormir».

Con sólo 15 meses, Zachary había combinado tres símbolos de lenguaje. No fue sino hasta los 23 meses cuando pudo hacer lo mismo con palabras. Sus padres comprendieron claramente que si no hubieran introducido las señales del bebé a Zachary, se habrían perdido gran parte de lo que su hijo tenía que decirles.

AGÍTALO, AGÍTALO

Como ya hemos descrito, los bebés suelen crear sus propias señales y a menudo las utilizan sin que sus padres se den cuenta. Ése fue el caso de Megan, primogénita, que mostró a sus padres las señales del bebé a la edad de 12 meses. Jack y Carole advirtieron que Megan agitaba un puño de arriba abajo y los miraba fijamente como si estuviera intentando decirles algo. Tardaron unos días, pero cuando lo entendieron, se sorprendieron ante la inteligencia de Megan. Una noche, después de calentar el biberón de Megan en el microondas, Carole empezó a caminar hacia su hija, agitando el biberón para mezclar bien el líquido caliente. Megan, sonriendo al ver su leche, empezó a agitar el puño. A Carole se le hizo la luz: Megan estaba imitando su movimiento de agitar el biberón. Entonces pensó que tal vez, en los días anteriores, su hija estaba pidiendo su leche cuando agitaba así la manita.

Durante la semana siguiente intentó probar su teoría. Cada vez que Megan agitaba el puño, Carole le respondía: «¿Quieres tu biberón?». Obviamente, Megan sonreía y asentía. Inmediatamente, Carole llamó a su amiga Lila, quien le había hablado acerca de un taller de señales del bebé al que habían asistido ella y su esposo. Así fue como, a través de Lila, Carole se puso en contacto con nosotras, que introdujimos formalmente a Carole y Jack en las señales del bebé. Junto con Megan, han sido unos de nuestros más fieles seguidores.

Tienes un amigo

Kara y Levi, ambos de 17 meses, son muy buenos amigos y asisten a la misma guardería. Una mañana, cuando Levi llegó, Kara lo observó detenidamente al ver que lloraba cuando sus padres se marchaban. Al cabo de un momento, Kara se volvió hacia su madre, Joyce, señaló a Levi e hizo una señal con el puño cerrado debajo de los ojos para decir *triste*. Joyce respondió que sí, que Levi estaba un poco triste esa mañana. Con gesto de preocupación, Kara se acercó a Levi y comenzó a mover los labios.

Afortunadamente, Laura, la monitora, vio el gesto de Kara y comprendió inmediatamente su significado. Cada vez que un bebé tenía dificultades para separarse de sus padres, los monitores empleaban la pauta de alimentar a los peces en el gran acuario para distraer a los pequeños. Alertada por la preocupación de Kara,

Laura se dirigió a Levi y le dijo: «Hola, Levi. ¿No te encuentras muy bien esta mañana? Kara piensa que si alimentas a los peces te sentirás mejor». Laura se dirigió entonces con Levi hacia el acuario, seguida por Kara, quien sonreía orgullosa pues había logrado ayudar a su amigo. Al igual que muchas personas dedicadas al cuidado de niños, Laura utiliza las señales del bebé como parte de la vida diaria.

Dormido en el trabajo

¿Si hace un día tan bonito, por qué está el señor Rogers dormido? Algún pensamiento en torno a esta idea debió de pasar por la mente de Kevin, un bebé de 16 meses, al entrar en la cocina. El programa del señor Rogers era el favorito de Kevin, quien se sentaba casi todas las mañanas frente al televisor para comer un bocadillo mientras veía a su amigo de la tele. Leigh, la mamá de Kevin, aprendió a apreciar al señor Rogers no sólo como un gran ejemplo para su hijo, sino como una oportunidad para lavar los platos del desayuno. Así pues, estaba con las manos llenas de jabón cuando Kevin entró corriendo en la cocina, le estiró del delantal e hizo su señal del bebé para *dormir*. «¿El señor Rogers está dormido?», preguntó asombrada su madre.

Mientras consideraba esta posibilidad, oyó una voz que decía: «Bien, señor Rogers, ¿no han pasado ya seis meses desde su última visita?», a lo que él respondió «Uh, uh». «Escucha Kevin —dijo su madre—, si el señor Rogers estaba dormido, ahora parece que se ha despertado. Mira a ver si es cierto.» Pero Leigh no había comenzado siquiera a enjuagar la vajilla cuando Kevin ya regresaba a toda prisa diciendo insistentemente con señas «dormir, dormir, dormir». Intrigada y dispuesta a averiguar qué pasaba, Leigh se enjuagó las manos, tomó un paño de cocina y se dirigió con Kevin al salón.

Una mirada al televisor resolvió el misterio de cómo el señor

Rogers había respondido a una pregunta estando supuestamente «dormido», como decía Kevin. El hombre estaba recostado en un sillón, con los pies en alto, la boca abierta y los ojos cerrados, ¡con el doctor Paul, el dentista, a su lado! Desde ese incidente, la historia del señor Rogers dormido en el trabajo fue una historia clásica de la familia.

IGUAL, PERO DIFERENTE

Scruffy y Dusty, dos gatos de 2 años de edad, eran el príncipe y la princesa del hogar de la familia Poulis. Por esta razón, la señal para decir *gato* fue una de las primeras señales del bebé que Rose aprendió. A la edad de 13 meses, Rose ya decía a sus padres cuándo pasaba un gato, usando su mano derecha para acariciar el dorso de la mano izquierda, desde la punta de los dedos hasta el codo, como si estuviese acariciando a un gatito. Sus padres estaban muy satisfechos con su habilidad para «hablar» acerca de los gatos y se maravillaban ante su capacidad para descubrirlos a muchos metros de distancia.

Sin embargo, no estaban preparados para lo que presenciaron el día que Rose —para entonces ya de 14 meses— vio a la primera cría de gatito. Mientras la observaban, esperando que hiciese su habitual seña de *gato*, Rose los sorprendió, pues en lugar de mover su mano derecha desde los dedos hasta el codo, como siempre hacía, se detuvo mucho antes, justo al terminar los deditos. Ella repitió esta señal abreviada una y otra vez, mirando a sus padres con una gran sonrisa y ojos atentos. Atónitos, ambos padres comprendieron el gesto de su hija: al abreviar a propósito su señal del bebé normal, estaba diciendo que éste no era un gato de tamaño normal, ¡sino uno mucho más pequeño! Ellos no sabían que un bebé de 14 meses pudiese ser tan inteligente.

Durante la tormenta, no cualquier puerto sirve

No había duda, Emily, de 15 meses, estaba molesta. Su padre, Ed, regresaba al salón después de acostarla en su cuna para su siesta vespertina, cuando oyeron sus lloriqueos. Ed estaba extrañado. Creía que había hecho todo correctamente. Su estómago estaba lleno, su pañal estaba limpio, estaba fresca, sólo en camiseta, y se oía su canción de cuna favorita. No sabía cuál podría ser el problema. En cuanto abrió la puerta, la miró y supo lo que pasaba. Con la carita llena de lágrimas, Emily se sostenía con una mano de la cuna, y con la otra tocaba sus labios repetidamente. Al reconocer la señal, Ed dijo: «Oh, Emily, olvidé tu chupete, ¿verdad?». Tras una rápida disculpa, buscó en el cajón, sacó un chupete y se lo dio. Pero Emily, con la carita fruncida, movía vigorosamente la cabeza de un lado a otro. «¿Qué pasa, Em? ¿Es que no quieres tu chupete? En respuesta, Emily, con el mismo vigor, asintió con la cabecita, al tiempo que ponía sus manos fuera de la cuna y abría y cerraba las palmas, como si aplaudiese. Ed reconoció inmediatamente la señal del bebé para *cocodrilo*, y el enigma se resolvió. «¡Oh, ahora entiendo, no quieres cualquier chupete, quieres el que tiene el cocodrilo!» Con una amplia sonrisa, Emily dijo a su padre que estaba en lo cierto.

Cuando volvió a acostarla, pensó para sí mismo que esta vez sí había hecho todo correctamente, con una pequeña ayuda de las señales del bebé.

¡Alto! ¡En nombre del amor!

La nueva compañera de clase de Laney, de 20 meses de edad, se llamaba Marla. Desde el primer día, fue evidente que a Marla le encantaba la guardería. Sonreía mucho, y a Laney le gustaba. Se reía mucho, y también a Laney le gustaba. Pero lo que ya no le gustaba era que Marla también abrazaba mucho. Y no se trataba de abrazos suaves y rápidos. Marla era una niña grande, y cuando te rodeaba con sus brazos y te apretaba, se dejaba sentir. Después de uno o dos de estos abrazotes, Laney se asustaba cada vez que Marla se le acercaba.

Consciente de la situación, la maestra decidió que tenía que hacer algo al respecto. Pero, ¿qué? No tardó mucho en darse cuenta de que las señales del bebé eran la solución. Llamó a Laney y le explicó que cuando Marla se le acercara mucho, le dijera «¡Alto!» extendiendo su brazo y mostrando la palma de su mano. Practicaron un poco, usando un juego de alto-siga, y pronto Laney estuvo lista para enfrentarse al mundo. ¡Funcionó! En la siguiente ocasión que Marla corrió hacia Laney, se encontró con la mano de Laney, deteniendo su camino. Entonces Laney sacó su carta del triunfo: para sorpresa de su maestra, tras la seña de «alto» Lanez utilizó otra señal del bebé que había aprendido en su casa para decir *con cuidado*. Pronto todos los niños hacían estas dos señas, y no sólo para los abrazos de Marla, sino también para otros compañeros cuyos juegos eran un poco rudos. Como describió la maestra a los padres, las señales del bebé le habían permitido introducir una conducta de firmeza a sus alumnos aún en pañales.

ESTE DEDITO SE FUE AL MERCADO

Cuando Brandon tenía 15 meses, acudió junto con su familia al mercado anual de un pueblo vecino. Una de sus atracciones favoritas era el cerdito. Como Brandon tenía una seña para *cerdito* (tocarse la nariz con la punta de los dedos), podía «hablar» sobre ese animal tan peculiar. De hecho, para pesar de sus padres, utilizaba insistentemente la señal para indicar una y otra vez que quería ver al animal.

Al cabo de un mes y medio, la familia tuvo oportunidad de visitar otra vez el pueblo vecino. Mientras caminaban, Brandon em-

pezó a hacer la seña de «cerdito», en lo que parecía un intento de-
sesperado por decir algo a sus padres. Obviamente, su insistencia
captó la atención de los padres, pero por más que buscaban a su alrededor, no veían cerdo alguno. De pronto se dieron cuenta de
que estaban caminando por el lugar en donde había estado el ma-
rranito en la visita pasada. Una vez que le dijeron que ellos también recordaban al animal, Brandon sonrió y dejó de hacer la seña.
Sus padres ya lo habían entendido.

La historia de Brandon demuestra claramente un concepto al
que hemos hecho referencia a lo largo de todo el libro: las señales
del bebé abren una ventana en la mente del bebé. A través de ella,
los padres de Brandon pudieron conocer los pensamientos de su
hijo, pero también advertir su increíble memoria. Sorpresas como
éstas también te esperan a ti cuando te unas a las filas de nuestras
familias de señales del bebé.

Para concluir este capítulo sobre historias con señales del bebé, dejaremos que Turner, de 17 meses, «diga» la última palabra: «¡Se acabó!».

Capítulo 7

De las señales al habla

Cualquiera que haya completado un rompecabezas, ha sentido la emoción que se avecina cuando el final está a la vista. Piénsalo. Llega un momento en que quedan tan pocas piezas, que las que quedan parecen acomodarse por sí solas. Con tan pocas decisiones que tomar, el ritmo se acelera. Apenas has tenido tiempo de colocar una pieza cuando ya estás poniendo la siguiente junto a la anterior. ¡Vas que vuelas! De hecho, es tanta la emoción que se siente al estar terminando el rompecabezas, que nada, salvo un terremoto, podría hacer que te levantaras de la mesa: «Ahora voy, no tardo ni un minuto. (Hmm, ésta va aquí, esta otra va por acá, estas dos van juntas, ésta, ésta y… ¡listo, he acabado!)».

Este proceso es prácticamente idéntico al que ocurre con el rompecabezas del lenguaje. A medida que se van colocando, una a una, todas las piezas, incluyendo la de las señales del bebé, la imagen del lenguaje que va apareciendo resulta tan fascinante, que el bebé es rápida e irresistiblemente atraído hacia la pieza final, conquistando más y más palabras. En fin de cuentas, como un veterano en el uso de las señales del bebé, ya ha aprendido que comunicarse es divertido, que las cosas tienen nombre y que a la gente le gusta escuchar lo que él tiene que «decir» acerca de las cosas. Todo lo que queda es dominar las complejidades de sus cuerdas vocales. («Hmm, ésta va aquí, esta otra va por acá, estas dos van juntas, ésta, ésta y… ¡listo, he acabado! «¡Perro!»)

Advertirás que utilizamos las palabras *irresistiblemente atraído*

Linda lleva en brazos a Kai, de 14 meses, mientras él usa su señal del bebé para decirle que un avión está volando en el cielo.

para describir la relación entre tu bebé y el lenguaje vocal. La elección fue deliberada. El objetivo es transmitirte la fuerza casi magnética que ejerce el lenguaje vocal en el niño. En todo el mundo, desde Tokio hasta Borneo, los pequeños aprenden a hablar. El producto final ciertamente difiere de una cultura a otra, pero en todas ellas existe el uso de patrones de sonidos vocales muy complejos para transmitir mensajes también muy complejos de una persona a otra. No se ha encontrado cultura alguna, por muy aislada que estuviera, que no haya compartido esta capacidad humana. Así como todos los niños tienen dos ojos, cuatro cavidades en el corazón y pelo en sus cabecitas, todos también aprenden el lenguaje vocal. Evidentemente, una minoría de ellos tienen problemas físicos, neurológicos o emocionales que se interponen en el camino. Pero a todos los demás pequeñines del mundo, incluso los que han tenido la gran ventaja de usar las señales del bebé, nada podrá detenerlos para aprender a hablar.

¿Pero cómo podemos estar seguras de que los bebés que se comunican eficazmente con las señales del bebé no se conformarán con ellas y perderán la motivación para aprender palabras? ¿No creerán los bebés, al igual que todos, en el viejo refrán «más vale malo conocido que bueno por conocer»? Pues no, no lo creen, al menos no cuando se trata de comunicarse con los que los rodean. La razón es muy simple. A medida que los bebés crecen, sus horizontes se expanden y sus necesidades cambian. Estos cambios se acompañan de un fuerte deseo de encontrar formas de comunicación más complejas. Al mismo tiempo, su práctica con las otras piezas del rompecabezas del lenguaje les permite desarrollarse en las direcciones que ahora necesitan. Entre otras cosas, desarrollan la capacidad de memoria, los conceptos fundamentales, la exposición al lenguaje hablado y la madurez neurológica necesaria para emitir sonidos vocales más complejos y formar oraciones.

¿De qué manera cambian las necesidades de los bebés? Piensa en todos los nuevos sitios, gente, actividades e ideas que los bebés encuentran después de su primer año de vida. En conjunto, todo es un gran incentivo para que los bebés avancen hacia el habla.

Nuevos lugares

A medida que el bebé crece, permanece menos tiempo en un mismo lugar. Antes gateaba, ahora ya camina. Lo que antes solía caminar, ahora ya lo corre. Su curiosidad lo lleva a doblar las esquinas, a subir las escaleras, a introducirse en habitaciones nuevas. Al mismo tiempo, los padres se sienten cada vez más seguros de que el bebé no necesita estar bajo vigilancia constante en todo momento. Así pues, el bebé disfruta de una nueva libertad para explorar todos los recovecos de su mundo.

Muchos de estos sitios nuevos tienen en común que el bebé ya no puede ver a su madre o a su padre ni éstos a él. Pero eso no significa que no quiera contarte acerca de las cosas que ve. Si te pones en el lugar de tu bebé, entenderás rápidamente el problema. Como podrá decirte cualquier persona que sea sorda, la utilidad del lenguaje de señas desaparece cuando las personas no están frente a frente. Pero, ¡existen los sonidos!, que pueden oírse, incluso gritarse, de una habitación a otra. Así, a medida que nuestros pequeños hacedores de señales se alejan más y más, el aprendizaje de las palabras para las señas se convierte en una urgencia que no existía previamente, cuando todos los interlocutores se hallaban en el mismo lugar.

Nuevas caras

Tener más movilidad y madurez también implica que tu bebé está destinado a conocer cada vez a más gente en su camino. Puede tratarse de otras familias en el parque o en la piscina, con niños como ellos para jugar; de la cajera u otras empleadas de la tienda que aho-

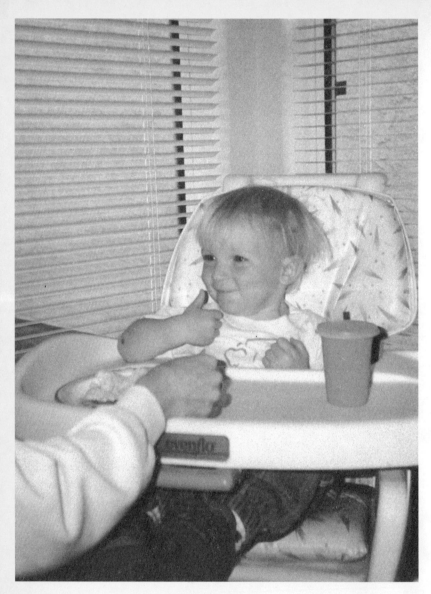

Muchas señales del bebé se asemejan a gestos usados por los adultos. Keegan, de 14 meses, nos muestra una de ellas al hacer la señal para beber (llevándose el pulgar a los labios) con el fin de informar a su madre de que necesita un descanso del puré de patatas.

ra le hablan directamente a él, en lugar de hacerlo a través de ti; de nuevos compañeros en la guardería, al pasar al grupo de mayores, etc. A medida que su círculo de amigos se agrande, cada vez será menos frecuente que encuentre gente que entienda sus señales del bebé.

Algunas señas se entienden fácilmente debido a su semejanza con los adultos. Por ejemplo, a cualquier edad, el gesto de apuntar el pulgar a los labios significa *beber*, y pararse con las manos abiertas y las palmas hacia arriba se traduce en «No sé» o «¿Dónde está?». Por consiguiente, las señales del bebé utilizadas sólo dentro de la familia (por ejemplo, rozar una mejilla con el dedo índice para decir *gatito*, o mover la cabecita de lado a lado para indicar la canción de Barrio Sésamo) serán sustituidas inevitablemente por un sistema de símbolos compartidos por más gente: las palabras. Todos estos nuevos y comunicativos compañeros también representan un gran incentivo para que tu bebé aprenda a decir las palabras de las señales que usa.

NUEVOS JUEGOS

A medida que crezca, tu bebé dominará progresivamente el uso de su cuerpo, en particular sus manos, para explorar y divertirse en el mundo. Podrá pintar con los dedos, colorear con crayones, armar rompecabezas, trepar por escaleras y conducir cochecitos. Estas actividades requieren, en general, tener las manos bastante ocupadas, por lo que las señales del bebé no resultan ya tan convenientes para comunicarse. El niño debería soltar lo que tiene en las manos para poder «hablar», y, definitivamente, es más divertido jugar. Claro que, en ocasiones, también se toma un momento para decir «adiós» con la mano, sin importarle lo que está haciendo. Pero las palabras habladas tienen ahora una ventaja con respecto a las señales, que antes, cuando tu bebé era menos dependiente de sus manos, no existía.

Nuevas palabras

Para un pequeño de 15 meses, el simple hecho de decirte que ha visto una mariposa constituye una gran hazaña. En estos casos, uno o dos símbolos, sean señales del bebé o palabras, serán suficientes. Sin embargo, al crecer intelectualmente los bebés y absorber más y más información acerca del mundo que los rodea, las ideas que quieren transmitir se vuelven más complicadas. Al bebé ya no le interesa sólo comunicar que ha visto una mariposa, sino también que esta mariposa se parecía a otra que había visto antes o que sabe que sale de un capullo o que sus colores son muy bonitos.

Las señales del bebé no sirven para transmitir ideas tan complejas. Las señales del bebé son «etiquetas» enormemente efectivas para nombrar los objetos comunes del mundo de un bebé más pequeño, pero cuando un bebé aprende conceptos como «antes» o «capullo», necesita avanzar más y superarlas. Tu bebé se dará cuenta automáticamente cuando llegue ese momento, y con avidez conquistará el vocabulario verbal que necesite.

La transición

Aunque a veces tenemos la impresión de que los bebés desarrollan su inteligencia a grandes pasos (en ocasiones, desde que los acostamos una noche hasta la mañana siguiente que se despiertan, parecen hacer cosas nuevas), cuando llega el momento de pasar de las señales a las palabras, el proceso es habitualmente mucho más gradual. De vez en cuando, es cierto, aparece una palabra de la nada y, ¡zas!, la señal desaparece. Pero en la mayoría de los casos, la transición es más lenta.

Un buen ejemplo es la transición que vivió Megan, de 18 meses, de su señal para *cepillo de dientes* (frotarse los dientes con el dedo índice) a su versión de la palabra («pillo dente»):

1. Durante casi 5 meses, Megan usó exclusivamente la señal, sobre todo cuando iba al baño con su madre por la mañana.
2. Cuando tenía alrededor de 18 meses, Megan empezó a balbucear de vez en cuando algo que sonaba vagamente como la palabra, siempre haciendo la seña al mismo tiempo. Sus padres no entendían lo que decía, y dependían siempre de la señal del bebé como traducción de sus balbuceos.
3. Durante 2 semanas utilizó por igual la señal y la palabra. Megan las usaba juntas regularmente.
4. La balanza comenzó a inclinarse en favor de la palabra. Megan todavía usaba la señal y la palabra al mismo tiempo, pero con mayor frecuencia empleaba la palabra sola.
5. Ya con mucha confianza, Megan usaba únicamente la palabra, salvo raras ocasiones (descritas al final del capítulo). La transición había terminado.

VARIACIONES SOBRE UN MISMO TEMA

Una de las preguntas que con mayor frecuencia nos plantean es: ¿Cuánto tiempo transcurrirá desde que mi hijo aprenda una señal del bebé hasta que se produzca la transición a la palabra? En otras palabras, ¿cuánto dura una señal del bebé? Como siempre, la respuesta es: depende. En este caso, depende de dos factores que parecen ser especialmente importantes: la palabra en particular que es representada por la señal, y el bebé en particular que utiliza la señal.

El primero es fácil de entender. Ya lo hemos mencionado anteriormente. En general, si la señal del bebé sustituye a una palabra relativamente fácil y corta, como *nene*, *más* o *agua*, es más común que la palabra aparezca después de poco tiempo. «Poco» en este caso puede ser desde 2 semanas hasta 2 meses. Por otra parte, si la palabra es larga y complicada, como *elefante* o *mariposa*, es probable que la señal permanezca en uso durante más tiempo. Por ejemplo, Justin, uno de los «señalizadores» más prolíficos de nuestro estudio,

Emily comenzó a usar palabras a muy temprana edad. ¿Significa eso que no utilizaba las señales del bebé? Por supuesto que no, incluso comenzó a hacerlo muy pronto, a los 8 meses. Aquí la vemos usando su seña para más (dedo índice apoyado en la palma de la mano) con el fin de pedir más zumo.

cambió su seña de *agua* por la palabra agua en sólo un mes. Sin embargo, sus señales para *cocodrilo, mariposa* y *dinosaurio*, aprendidas a los 14 meses, siguieron en uso hasta que aprendió las palabras a los 24 meses. ¡Diez meses completos!

El segundo factor, la naturaleza del niño, es por una parte menos obvio y por otra más interesante. Al aumentar el número de bebés que usan las señales del bebé, se hace más evidente que las señales funcionan de manera distinta para bebés diferentes. Dos perspectivas parecen ser particularmente populares. Para algunos bebés, las señas son sobre todo una manera de expandir el vocabulario para «hablar» de muchas cosas. Su principal prioridad es comunicar. Se preocupan menos por saber si lograron transmitir el mensaje deseado que por el tipo de símbolo que utilizan. De hecho, la capacidad de etiquetar algo con una señal del bebé parece liberarlos para dirigir sus energías a la conquista de palabras para las cuales no existe una señal obvia. Si tienen una señal para *flor* pero carecen de una para *payaso*, es probable que den prioridad a aprender la palabra *payaso* en lugar de la palabra *flor*. En consecuencia, estos bebés tienden a usar sus señales del bebé por más tiempo, usándolas para complementar su creciente repertorio verbal. Esto es lo que Justin hizo. Además de *mariposa, cocodrilo* y *dinosaurio*, conservó al menos otras 8 señales del bebé hasta los 24 meses, pero no porque fuera lento para aprender palabras. Por el contrario, a esa edad, Justin podía ya presumir de un vocabulario vocal ¡de casi 200 palabras!

Keesha es otro bebé cuyo principal objetivo era usar las señas para complementar su vocabulario vocal. Ferviente seguidora de Barrio Sésamo, a los 14 meses aprendió rápidamente una seña para decir *monstruo de las galletas*, manteniéndolo en uso continuo hasta los 22 meses, un período bastante largo. Pero ¿este largo período se debió a una incapacidad para aprender nombres verbales? En absoluto. A los 18 meses ya era evidente que los nombres no eran un problema para ella. Fue entonces cuando aprendió a decir los nombres de *Epi, Blas, Gustavo, Caponata,* ¡todos en una misma se-

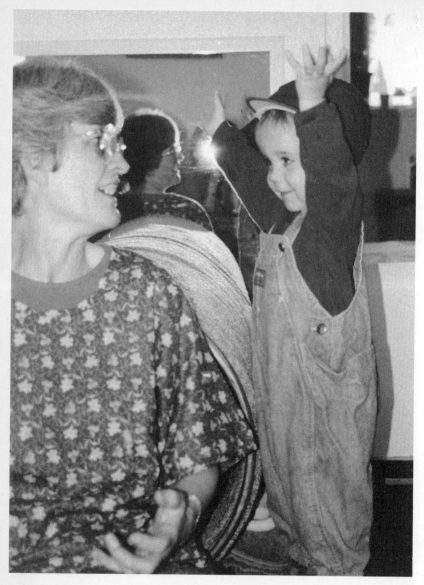

¿Cómo podríamos evitar sonreír a Turner, de 16 meses, cuando nos «habla» de la gallina Caponata, de Barrio Sésamo? Su niñera, Kathleen, no pudo resistirse.

mana! Vemos que en esta lista no se encuentra el monstruo de las galletas. ¿Por qué? Como ya tenía una señal viable para llamarlo, Keesha evidentemente decidió que sería más productivo concentrar su esfuerzo en otras cosas.

Usar las señales del bebé para complementar palabras vocales, como hicieron Justin y Keesha, es muy común, pero no es la única opción. Una segunda estrategia que hemos visto es el uso de las señales del bebé para facilitar —y, por consiguiente, acelerar— el proceso de aprender las palabras específicas que significan las señales. La primera vez que nos dimos cuenta de esto fue cuando Bryce, de 10 meses, empezó a aprender las señales del bebé. En cuanto dominaba una señal, comenzaba a aparecer la palabra para ella. A veces, este intervalo de tiempo era de una semana, otras veces, de dos o tres, pero siempre eran lapsos considerablemente más cortos de lo que esperábamos. Este patrón de conducta no fue igual para todas las señales de Bryce, pero ocurrió con suficiente frecuencia para que su madre lo notara y nos lo comentase. Ella estaba especialmente sorprendida, pues su hija mayor Cady, toda una experta en el uso de las señas del bebé, no las había usado de esta manera. Aparentemente, el hecho de ser hermanos y compartir los mismos padres no implica que los bebés interpretarán de la misma manera cómo aprender mejor el lenguaje.

¿Cuál es la lógica de la estrategia de Bryce? ¿Cómo es que una señal permite a un bebé aprender la palabra que aquélla representa? Esto sólo podemos adivinarlo, claro está, pero aparentemente uno de los factores más importantes es la manera en que las personas responden a las señales del bebé. Como pronto comprobarás por ti misma, es casi imposible ver a un bebé haciendo una señal y no responder diciendo la palabra correspondiente. «¡Rana, sí! Tienes razón, es una rana.» La previsibilidad de esta reacción significa que un bebé que aprende una seña realmente ha adquirido un control considerable sobre el número de veces que oye la palabra. Cuanto más frecuente sea su uso de la señal, más veces será repetida la palabra. Y cuantas más veces sea repetida la palabra, más

Cady, de 14 meses (arriba), se sorprende al ver que su abuela entra en la habitación con una toalla en la cabeza. ¿Su conclusión? La abuela lleva un sombrero nuevo. Abajo, Cady, ahora de 6 años, observa mientras su hermano Bryce usa su mano para «hablar» del avión que ambos están viendo en la tele. Cady disfrutó mucho enseñando a Bryce un sinfín de señales del bebé.

oportunidades tendrá el bebé para centrarse en los sonidos que la forman. Una vez que se ha analizado el patrón del sonido es más fácil dar el salto y decir la palabra.

Algunos bebés parecen tener una marcada preferencia por usar sus señales en alguna de las dos maneras descritas (para complementar el conjunto de palabras que ya saben o para ayudarse a centrarse en las palabras específicas que desean aprender), pero el patrón de conducta más típico es que un bebé use las señales de ambas formas. Ésta es otra razón por la cual nos es realmente imposible decir cuánto tiempo durará una señal del bebé. Depende.

Mientras observas los progresos de tu bebé con las señales y las palabras, ten presentes estas estrategias. Verás que es divertido intentar entender por qué tu bebé hace lo que hace. Saber que estas estrategias existen te ayudará a apreciar todos los pensamientos que discurren por la mente de tu hijo. Puede parecerte que no existe método alguno para interpretar sus ocurrencias, pero casi siempre lo hay. Y, una vez más, tendrás la oportunidad de ver su mente a través de una pequeña ventana llamada señales del bebé.

Desaparecen, pero no se olvidan

Vayamos ahora al paso final de la transición al habla, el punto en que la palabra ya está firmemente atrincherada. Incluso cuando tu bebé ya use con mucha confianza la palabra después de una seña, es probable que todavía mantenga la señal disponible para una circunstancia especial. Piensa en tu propio uso de gestos. ¿Has dejado completamente de decir adiós con la mano sólo porque sabes decir la palabra? No. Igual que nuestros bebés «señalizadores», automáticamente reconoces la ocasión en que un gesto funciona *mejor* solo (o incluso con la palabra). Las situaciones descritas a continuación han motivado a muchos bebés a revivir sus señales. Es muy posible que encuentres otras situaciones para agregar a la lista.

- *Para aclarar un mensaje:* sólo hay que viajar a un país cuya lengua no se hable con fluidez para comprobar la utilidad de los gestos como hola y adiós. Los bebés viven esta situación diariamente. Aprender a decir palabras con suficiente claridad para que los adultos las entiendan es un gran reto. Para un bebé «bibi» puede significar *biberón*, o «aba» *agua*, pero eso no quiere decir que los demás lo sepan. Nos hemos sorprendido y regocijado al ver a algunos bebés que espontáneamente usan una señal como aclaración cuando observan una mirada de confusión en la cara de alguien. ¡Y funciona! «¡Ohhh! "momo" significa mono, ¡Ya veo!» De forma similar, Megan utilizó una señal del bebé para aclarar su palabra para decir cepillo de dientes.

- *Cuando la comida estorba:* una boca llena es un verdadero obstáculo para un habla inteligible. Sin duda, recordarás ocasiones en que alguien te preguntó algo justo cuando dabas un bocado al pastel. Sin dudarlo, levantaste manos y hombros para decir «No lo sé». Este gesto salvó la situación. Nuestros bebés han usado sus señales del bebé de la misma forma. Por ejemplo, Max ya tenía la boca llena de galletas cuando su maestra de la guardería pasó frente a él sin ofrecerle la caja de galletas. Para impedir que se alejara sin obtener otra ración, Max logró superar a su boca ocupada reviviendo su señal para *más*. Ya decía la palabra más desde hacía varias semanas, pero podía apoyarse en ella cuando la ocasión así lo requiriese.

- *Para enfatizar algo:* ¿alguna vez has dicho «¡Travieso!», mientras movías vigorosamente el dedo índice de la mano hacia el perro, o has gritado «fuera», mientras apuntabas con el pulgar hacia atrás por encima del hombro? Hay ocasiones en que las palabras solas no son suficientes. Aparentemente, los bebés piensan lo mismo, por ejemplo, Karen, de 24 meses. Había terminado su vaso de zumo de manzana y llamaba a su madre desde un extremo de la cocina con las palabras «¡Má umo!», pero su madre, ocupada en el teléfono, no le prestaba atención. La solución de Karen fue colocarse delante de su madre y repetir «¡Má umo! ¡Má umo!

¡Má umo!» bastante fuerte, haciendo cada vez su vieja señal de *más*. Y lo hizo enfatizando su señal, colocando con fuerza el dedo índice sobre la palma, como si gritase con las manos diciendo: «¡Y lo quiero ahora!». Esta creatividad con los gestos parece surgir naturalmente tanto en los bebés como en los adultos.

- *Cuando las palabras no pueden oírse (o no deben oírse):* aunque las palabras tienen la ventaja de que pueden gritarse, a veces el nivel de ruido es tan alto que un grito resulta inútil. En estas ocasiones, los gestos son muy útiles. Hemos conocido bebés que recurren a sus viejas señales cuando se encuentran en un campo de fútbol, en el circo o en un centro comercial. La situación contraria, cuando domina el silencio y no es apropiado hablar, también ha motivado a los bebés a reemplazar palabras que ya saben y dominan por viejas señales del bebé. James, de 24 meses, con un vocabulario vocal impresionante, redescubrió el uso de varias señales del bebé en la iglesia. Otro niño, que visitaba con frecuencia la biblioteca de la universidad con su madre que estaba estudiando, usaba su señal para *libro*, aunque sabía decir la palabra desde hacía varios meses.

A pesar de su utilidad en estas situaciones, llega un momento en que las señales del bebé se olvidan por completo. Pregunta a un niño de 4 años qué señal usaba para decir *hipopótamo* y lo más probable es que no lo sepa. Por supuesto, si se trata de una señal que es también utilizada convencionalmente por los adultos, como subir y bajar los hombros para decir *no lo sé*, es probable que se salve de la extinción.

Existe otra razón por la que algunos niños ya mayores todavía recuerdan sus señales del bebé. Para nuestro deleite, muchas familias nos han explicado que la llegada de un hermanito o una hermanita mantiene elevado el entusiasmo por las señales del bebé. La oportunidad de actuar en equipo con papá y mamá para enseñar al nuevo bebé a comunicarse es simplemente irresistible, sobre todo porque las señales del bebé son realmente divertidas para todo el mundo.

Capítulo 8

Respuestas a las preguntas más comunes de los padres

Aunque ahora ya sabes qué son las señales del bebé, la facilidad con que se introducen en la vida diaria y los beneficios que puede aportar a ti y a tu bebé, es probable que aún tengas algunas dudas. Esto no es raro; por el contrario, es habitual en los padres que han asistido a nuestros talleres y participado en nuestros estudios. A lo largo de los años, hemos comprobado que las preguntas que nos plantean los padres al terminar nuestras presentaciones tienden a reflejar preocupaciones muy comunes. Por esa razón, hemos dedicado un capítulo a las preguntas más comunes y sus respuestas. Observa si te has planteado alguna de dichas preguntas, mientras piensas acerca de las señales del bebé y tu propio bebé.

Pregunta: *Realmente estoy muy emocionada con las señales del bebé, y quiero empezar a usarlas con mi hijo, pero él tiene sólo 3 meses. ¿A partir de qué edad puedo empezar a enseñárselas?*

Respuesta: No hay una edad específica en la que podamos decir que todos los bebés están listos para las señales del bebé. La edad en que los padres deben empezar difiere de un bebé a otro. Sin embargo, hay algunas directrices generales que podemos sugerir basándonos en lo que hemos aprendido de los bebés en nuestros estudios. En primer lugar, podemos decir que a los 3 meses es demasiado pronto. Tu bebé todavía no ha desarrollado lo suficiente del rompecabezas del lenguaje para que encajen las piezas de las señales del bebé. También sabemos que bebés de sólo 8 meses han tenido éxito con las señales del bebé. En lugar de centrarte en la edad del bebé, es más importante observar los indicadores de conducta que nos dicen que está listo, descritos en el capítulo 3.

La edad a la que debes empezar con tu bebé es la edad en la que muestre interés por comunicarse acerca de las cosas que lo rodean, interés que a veces se manifiesta señalando objetos. Pero también es importante recordar que, al igual que no hace daño hablar a tu bebé antes de que esté listo para hablar, no le hará ningún daño, ciertamente si tienes mucha paciencia, si utilizas las señales del bebé antes de que él pueda hacerlo. Así pues, realmente está bien empezar cuando tú te sientas lista. Comienza con unas pocas señas y recuerda que las primeras señales son las que cuestan más trabajo a todos los bebés. Si tu pequeño tarda un poco más de tiempo en comprenderlas, prepárate para esperar. Pronto tendrás muchas recompensas de las señales del bebé.

Pregunta: *Le he enseñado a mi hija la señal para* sombrero*, y ya la usa desde hace un par de semanas. ¿Debo seguir usándola yo, ahora que ella la hace regularmente?*

Respuesta: No. Una vez que tu bebé ya tiene bien establecida una seña en particular y la usa regularmente, no es necesario que tú sigas usándola. De hecho, una vez que tu bebé hace una seña con facilidad, espontáneamente comenzarás a utilizar la palabra sin la seña. Cuando tu bebé vea un sombrero y use su señal del bebé correspondiente, puedes decirle que entiendes lo que quiere decir contestando «¿Has visto un sombrero?». La palabra será suficiente para que tu bebé sepa que has entendido su mensaje.

No obstante, dado que las señales del bebé son tan fáciles de usar junto con las palabras, puedes seguir utilizando la seña aun después de que tu bebé la emplee regularmente. A veces, esto puede aportarte grandes beneficios. Muchos padres nos han contado que su uso de las señales del bebé era tan automático que espon-

Los padres de Cady empezaron a enseñarle las señales del bebé cuando apenas tenía 7 meses, y se vieron recompensados cuando la niña empezó a usarlas un mes después. Aquí, Cady, a los 9 meses, usando el gesto para rana *(meter y sacar la lengua) con el fin de «hablar» de la rana de juguete que hay sobre la mesa.*

táneamente combinaban dos o más señales, enseñando a su bebé una nueva lección.

> *A los 16 meses, Jasmine hacía la señal de pato mientras se dirigía, junto a su padre, Peter, a su habitación para irse a la cama a dormir. Sin siquiera darse cuenta, Peter dijo e hizo la seña: «¿Qué pato?» (las palmas hacia arriba para decir* qué *y abrir y cerrar los dedos extendidos contra el pulgar para decir* pato). *Jasmine respondió con una combinación de dos señas «Libro pato», a lo que Peter respondió verbalmente «¡Oh, quieres leer el libro de los patos?». Entonces, Peter cayó en la cuenta de que había usado sin pensarlo dos señales juntas. Pero lo más importante es que se percató de que Jasmine había usado una simple oración por vez primera.*

Una vez que tu bebé empiece a usar con fluidez una señal, no es necesario que sigas utilizándola, pero tampoco que dejes de usarla.

Pregunta: *Si mi bebé se da cuenta de que puede obtener lo que quiere sin usar palabras, ¿no aprenderá también que no necesita hablar?*

Respuesta: Como explicamos en el capítulo 7, los bebés «señalizadores» son atraídos hacia las palabras por muchas fuerzas. De todos estos incentivos, quizás el fundamental es el hecho de que los bebés aprenden el lenguaje primordialmente para conectarse con otras personas y para satisfacer sus necesidades. Al usar palabras para denominar y pedir cosas, los bebés se vuelven nuestros compañeros en la comunicación y establecen fuertes lazos de unión entre ellos y con otros. Lejos de interferir en este proceso, las señales del bebé les proporcionan un puente para hacer la transición de la ausencia de lenguaje al lenguaje total.

Los bebés que usan las señales del bebé no se sientan, desvalidos, esperando a que llegue el día en que puedan hablar. Por el

Aquí vemos a Carolyn, de 13 meses, haciendo una demostración de la seña para sombrero, *muy popular entre todos los bebés.*

contrario, son capaces de meterse de lleno en la comunicación humana. Empiezan a aprender las reglas sociales de la conversación y descubren más temprano lo divertida que ésta puede ser. En resumen, el uso de las señales del bebé no inhibe la motivación a hablar. Por el contrario, estimula aún más a los bebés a dominar las palabras para ampliar su círculo social.

Pregunta: *¿Si empiezo a hacer las señales, no significa que voy a hablar menos con mi bebé?*

Respuesta: No. De hecho, sucede todo lo contrario. Como hemos mencionado en capítulos anteriores, cuando empieces a agregar las señales del bebé a la interacción con tu bebé, hablarás más con él que antes. Recuerda nuestra descripción de los bebés que usan las señales como bebés «bañados en palabras».

Esto sucede por muchas razones. No sólo usarás las palabras junto con las señales cuando las enseñes a tu bebé, sino que, una vez que éste sea un experto en ellas, también responderás a sus intentos para iniciar una conversación. Cuando tu bebé te mire y «huela» mientras camináis por el parque, es muy probable que tú respondas: «Sí, son flores. Qué bonitas son, ¿verdad?». Cuando al meterlo en la bañera empiece a soplar insistentemente, seguro que lo sacarás enseguida y le dirás que el agua estaba muy caliente y que sientes mucho no haberte dado cuenta. Todas estas situaciones tienen en común el hecho de que tu bebé estará llamando tu atención hacia las cosas que a él le interesan. Éste es un cambio emocionante y, al igual que muchos padres, comprobarás que es imposible resistirse a continuar la conversación. Cuando respondas a sus esfuerzos, la información que proporciones incluirá muchos ejemplos de qué es el habla y cómo se forman oraciones. Aunque tu bebé elija usar una señal debido a que la palabra le resulta difícil, ciertamente estará aprendiendo cómo suena esa palabra, y, por consiguiente, le resultará más fácil decirla, cuando sea capaz de hacerlo.

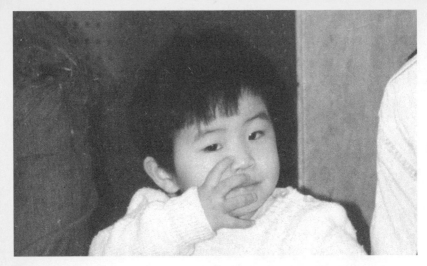

Tal como ocurre con las primeras palabras, las señales del bebé no siempre toman la forma exacta de la versión adulta. El personal de la guardería utilizaba dos dedos sobre la mejilla, imitando los bigotes de un gato, para decir gatito *y los puños cerrados bajo los ojos para decir* triste. *Este bebé intenta la seña de* gatito *con todos los dedos sobre la mejilla y la boca.*

Un bebé de 16 meses, de la misma guardería (abajo), nos muestra su versión de triste *(los puños hacia la nariz), durante una canción.*

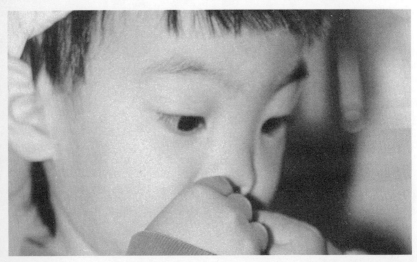

Al responder a las conversaciones que tu bebé inicia, advertirás que también tú buscarás más oportunidades para conversar. Una vez más el resultado es una mayor exposición a su objetivo final: palabras y oraciones. En una ocasión nos dimos cuenta de que, en nuestros grupos de estudio, los padres que enseñaban a sus hijos las señales del bebé, también hablaban más; no nos sorprendió que sus hijos comprendieran mejor el lenguaje que los otros bebés e, incluso, que desarrollasen palabras con mayor rapidez.

Pregunta: *He estado tocando mis dedos índices como una señal para decir más, y mi bebé todavía junta sus dos puños repetidamente. No parece progresar en el uso de sus deditos. ¿Qué puedo hacer?*

Respuesta: Muchos padres nos han expresado una preocupación similar. Nuestro consejo es que alientes a tu bebé en lo que *está haciendo*. Recuerda que el objetivo de las señales del bebé es ayudaros a ti y a tu bebé a entenderos, no enseñar a tu bebé un conjunto específico de movimientos. De hecho, el atractivo de las señales del bebé reside en que una señal puede consistir en cualquier gesto que funcione para ello.

Una mamá nos contó que su hijo, Oshi, pasaba sus deditos abiertos sobre la boca como señal para *gatito*, cuando la señal de la madre consistía en rozar dos dedos sobre la mejilla como si fuesen bigotes de gato. La ejecución de Oshi sólo se asemejaba a la suya, pero eso no significaba que ella no la entendiera. Esto no es muy diferente de lo que sucede con las palabras. Las primeras palabras de los bebés normalmente suenan muy diferente a las versiones de los adultos. Los bebés lo hacen lo mejor que pueden, pero no es tan fácil dominar todas las complejidades que se necesitan para articular claramente los sonidos del lenguaje. Por muy toscos que sean estos intentos, los padres siempre dan mucho apoyo y aliento. Si un bebé dice «bibi» o «zana» la respuesta habitual de los padres es un entusiasta «¡Sí!, aquí está el biberón!». O «¿Quieres una manzana?».

Los cereales redondos tipo Cheerios son muy apreciados por los bebés, y Emma no es una excepción. Como otras tantas señales del bebé mostradas por el personal de la guardería, este gesto (juntar los dedos índice y pulgar formando una rueda) ayudó a que los niveles de frustración en los bebés se mantuvieran bajos.

Si las señas que hace tu bebé sólo se aproximan a las que le has enseñado, está bien. Presta mucha atención a lo que intenta decirte y hazle saber que lo entiendes y estás feliz por su esfuerzo. Realmente, carece de importancia la forma en que haga sus señas. Mientras cada uno entienda lo que el otro está «diciendo», las señales del bebé estarán funcionando correctamente.

Pregunta: *Como mi esposo y yo trabajamos durante todo el día, llevamos a nuestra hija a una guardería. Debido a que casi no estamos con ella, creo que las señales del bebé no funcionarán con nosotros, ¿verdad?*

Respuesta: Estás equivocada. Como muchos padres que trabajan, quizá piensas que no podréis disfrutar de las ventajas de las señales del bebé porque estáis alejados de vuestra hija durante buena parte del día. Sin embargo, recuerda que estáis con ella durante una parte significativa de las horas en que está despierta, especialmente durante los fines de semana. ¿Qué mejor manera de enriquecer vuestro tiempo juntos que «hablando» entre vosotros?

El uso de las señales del bebé no requiere un tiempo extra. Simplemente intervienen en cualquier actividad que estés realizando. Por ejemplo, las señales del bebé funcionan de maravilla durante las actividades matutinas habituales de vestir y alimentar al bebé. Piensa en las muchas cosas que veis juntas de camino a la guardería, cosas de las que podéis «hablar» incluso con una mano en el volante. (Esto puede facilitarse colocando un espejo retrovisor especial que te permita ver al bebé en su sillita para el coche. De esta forma no sólo podrás controlar la posición de tu bebé, sino también apreciar las señales que hace para mostrarte las cosas que le interesan durante el camino.) Cuando las dos estéis cansadas, al final del día, las señales del bebé pueden resultar especialmente efectivas, ya que al esclarecer las necesidades del bebé, ayudan muchísimo a que las actividades habituales de la merienda, el baño y la hora de acostarse se desarrollen sin contratiempos. Como resultado, esta hora, que típicamente es muy difícil, transcurre sin problemas y se hace más divertida.

También hay que tener en cuenta otro punto. Si tu bebé pasa todo el día con la niñera o en la guardería, no hay razón alguna para excluir a estas personas importantes (encargadas también de cuidar a tu bebé) del equipo de señales del bebé. Explícales que para ti es muy importante que tu hija pueda «hablar» con las personas que pasan mucho tiempo con ella. Has de informarles también qué son las señales del bebé y cómo ayudarán a tu hija a comunicar sus necesidades, sentimientos e intereses. Mejor aún, recomiéndales que lean este libro. La mayoría de las personas encargadas del cuidado de bebés están tan ansiosas por usar las señales como los propios padres. De hecho, los directores de las guarderías nos piden con mucha frecuencia que demos charlas para su personal y los padres de familia. Estos directores han reconocido que el trabajo con las señales del bebé hace que los monitores sean más observadores, más empáticos, y que aprecien más los pequeños pasos que dan los bebés en este largo proceso.

Recuerda también que las señales del bebé abren una ventana en la mente de tu bebé y que ¡cualquiera puede mirar a través de ella! Así pues, informa a los que cuidan a tu bebé qué señales estás usando y manténlos al tanto de sus progresos. Aliéntalos para que introduzcan cualquier señal adecuada en las actividades diarias, que luego te permita saber lo que ocurrió durante el día. La mayoría de los padres se emocionan cuando los cuidadores se muestran interesados en hablar con ellos acerca de su bebé y se sienten orgullosos de ser incluidos en algo tan especial. Por lo tanto, si sois padres trabajadores, probad las señales del bebé. Estaréis encantados con los resultados.

Pregunta: *Soy una madre soltera y crío sola a mi hijo. Como habéis explicado, es una gran ayuda que varias personas enseñen las señas al bebé. Pero, ¿es esto absolutamente necesario?*

Respuesta: Como ya hemos explicado, cualquier persona que regularmente pase tiempo con un bebé puede participar en el aprendizaje de las señales por el bebé (amigos que visiten con frecuencia al bebé, niñeras, incluso niños vecinos). Así como es agradable involucrar a otras personas, las señales del bebé *no* tienen por qué ser exclusivamente un «asunto familiar» para funcionar. Muchas madres y padres solteros que crían solos a sus hijos nos han descrito la forma en que las señales del bebé han enriquecido sus relaciones. Como ejemplo, lee el relato de esta madre soltera:

Jake y yo pasábamos mucho tiempo solos, y cuando el bebé es pequeño, esto a veces te hace sentir muy sola. Por esta razón, desde que nació, estaba ansiosa esperando a que supiera hablar. Pero después de asistir a una charla sobre las señales del bebé, cuando Jake tenía 10 meses, me di cuenta de que no era necesario esperar hasta que fuera capaz de entablar una conversación con palabras para poder «hablar» con él. Entonces empecé a usar las señales del bebé, y él las comprendió bastante rápido. En casi 3 semanas ya usaba varias señas con regularidad. Y luego le siguieron muchas otras. Fue un gran placer ver cómo disfrutaba «hablándome» sobre los aviones, las flores, los perros y los gatos y lo seguro que se mostraba cuando me pedía «más» galletas, cereales o leche.

Si tú y tu bebé sois los únicos que usáis las señales del bebé, está bien. Las señales del bebé ayudarán a que forméis un lazo especial entre vosotros. Cuando tu bebé se dé cuenta de que puede «hablar» contigo y ser entendido, la frustración se reducirá para ambos y dispondréis de más tiempo y energía para interacciones positivas que favorezcan el acercamiento y la armonía en cualquier relación.

Pregunta: *Llevo 2 meses usando las señales del bebé con mi hijo de 14 meses, y aún no hay indicios de que haya desarrollado alguna señal o palabra. El bebé de mi hermana sólo tiene 12 meses y ya sabe seis señales y cuatro palabras. ¿Qué significa esto en cuanto al desarrollo de mi hijo?*

Con el fin de tomar esta fotografía de Brandon, de 16 meses, usando su señal para hipopótamo, su padre le preguntó cuál era el animal que habían visto nadar bajo el agua en el zoo.

Respuesta: Nada excepto que las prioridades de tu hijo son diferentes. Recuerda que los bebés son individuos únicos. Tienen sus propios intereses, motivaciones, horarios y tiempos. De hecho, durante todo nuestro estudio encontramos diferencias individuales en la edad en que se produjeron la primera señal del bebé y la primera palabra, así como en el ritmo con que se incluyeron nuevas señas y palabras.

Por ejemplo, Aaron comenzó a usar señales del bebé y palabras antes de los 12 meses y logró desarrollar un gran vocabulario tanto de señas como de palabras durante todo el año siguiente. El patrón de desarrollo de Aaron es típico de muchos bebés que usan las señales del bebé para complementar sus palabras durante el primer año.

El desarrollo de Carrie fue muy diferente del de Aaron. Ella también empezó muy pronto a usar las señales del bebé, pero no dijo su primera palabra hasta los 15 meses. Sin embargo, como conocía muchas señales del bebé desde los 11 meses y las usaba con frecuencia, al igual que Aaron, fue capaz de «hablar» acerca de las cosas importantes para ella.

El desarrollo de Albert representa otro patrón de uso de las señales del bebé. Albert utilizó su primera señal alrededor de los 12 meses. Dos días después, dijo su primera palabra. Aunque continuó aprendiendo nuevas señas y usándolas para hablar acerca de cosas para las que todavía no tenía una palabra, fue muy evidente que ya dominaba el lenguaje casi desde el principio. Para Albert, las señales del bebé únicamente sirvieron como relleno hasta que su habilidad en el lenguaje verbal pudo satisfacer sus necesidades de comunicación.

El desarrollo de Hanna constituyó un cuarto patrón, caracterizado porque tanto las señales del bebé como las palabras tardaron más tiempo en madurar. Como muchos otros bebés, Hanna parecía más interesada en dedicar toda su energía a otras cosas (aprender a trepar por los sillones y jugar al escondite con sus hermanos). Hanna no comenzó a usar señales del bebé o palabras hasta cerca

Incluso los bebés que no están especialmente interesados en aprender un gran repertorio de señales suelen hacer la de más como una de las pocas elegidas. Es probable que se deba a su conexión con uno de sus pasatiempos favoritos: comer.

de los 15-16 meses. Incluso entonces desarrolló alrededor de 10 palabras. Al mismo tiempo, aprendió 7 señales del bebé. Aunque el vocabulario verbal de Hanna era algo más reducido que el de otros niños de su edad, su uso de las señales del bebé casi duplicó el número de símbolos de lenguaje que tenía a su disposición.

La principal lección que hemos aprendido de todos estos niños es que lo más importante es ser paciente y prestar atención a las preferencias específicas y prioridades de desarrollo de cada bebé.

Pregunta: *Si mi hijo usa las señales del bebé, ¿la gente no tendrá dificultades para entenderlas?*

Respuesta: Aunque es cierto que las personas que no acostumbran estar con tu bebé pueden no entender algunas de sus señas, lo mismo ocurre con las primeras palabras del bebé. Torpes intentos que para los padres resultan clarísimos, para un extraño pueden ser incomprensibles. En estos casos, los padres automáticamente asumen el papel de intérprete de su bebé para el resto del mundo. Si acaso, las señales del bebé son más fáciles de entender que las primeras palabras por la sencilla razón de que suelen reflejar las cosas que representan. Por ejemplo, muchas familias representan la palabra *pájaro* con una señal que parece el aleteo de un pájaro. Si ves a un bebé en el parque mirando unos pájaros y moviendo sus brazos, no resultará difícil adivinar qué tiene en mente el pequeño. De igual manera, una mirada expectante y el gesto de llevar el puño a la oreja cuando suena el teléfono, son fáciles de interpretar como símbolos para *teléfono*.

Asimismo, hay que tener presente que, a esta temprana edad, las personas importantes en la vida de un bebé suelen ser muy pocas: los miembros de la familia y los que los cuidan. Es con ellos con los que tu bebé tendrá interés en «comunicarse». Nueve veces de cada diez, éstas son las personas que harán las señales del bebé junto con él.

Pregunta: *A mi esposa y a mí no nos gustan mucho las canciones de cuna ni los juegos. ¿Tenemos que hacerlos para introducir una nueva señal?*

Respuesta: Por supuesto que no. Aunque algunos padres encuentran divertido usar juegos, poemas y canciones, su uso ciertamente no es necesario para que se produzca el aprendizaje. Encontraréis muchas otras oportunidades para enseñar a vuestro hijo las señales del bebé, incluyendo los libros, las visitas al zoo, las comidas, la hora del baño. De hecho, cualquier interacción entre una madre o un padre y su bebé es una situación potencial para que el niño aprenda una nueva señal. Usar señas en situaciones cotidianas no sólo resulta efectivo, sino que también es muy importante, pues muestra al bebé que las señas no sirven únicamente para canciones o juegos, sino que son útiles para «hablar» acerca de muchas cosas del mundo. Una vez que comencéis a usar las señales del bebé, os sorprenderá lo fácil que es incorporarlas a las actividades diarias. Y pronto estaréis usándolas casi sin daros cuenta.

❧ Capítulo 9 ❧

Guía de señales sugeridas

Las siguientes señales del bebé son algunas de las que han usado las familias con las que hemos trabajado en el pasado. Fueron creadas por los padres y los bebés para ayudarlos a «hablar» acerca de las cosas interesantes e importantes en su vida diaria.

Estas señales te darán muchas oportunidades de comunicación con tu bebé, pero debes recordar que sólo son sugerencias. Puedes crear señales propias, nuevas, y también observar a tu bebé buscando indicios de sus propias creaciones. Asimismo, ten presente que todas las señales del bebé pueden modificarse de manera que te resulten más fáciles o divertidas. Recuerda que una de las razones por la cual las señales del bebé son tan sencillas es su flexibilidad. No existe una manera correcta para usar una señal del bebé. Cualquier forma de seña que tú y tu bebé elijáis es la correcta para vosotros.

SEÑALES PARA OBJETOS

ABEJA/BICHO

Descripción:
Pulgar e índice juntos, moviéndose
    por el aire
Explicación:
Imita a los insectos voladores
Posibilidades de uso:
Para insectos y abejas de verdad
Para ilustraciones de insectos

AGUA

Descripción:
Frotar ambas palmas entre sí
Explicación:
Imita el movimiento de lavarse las
    manos
Posibilidades de uso:
Para el estanque de los patos
Para las piscinas y el mar
Para pedir que le laven las manos

ARAÑA

Descripción:
Frotar ambos dedos índices entre sí
Explicación:
Recuerda el movimiento de hacer
    punto de media
Posibilidades de uso:
Para dibujos y arañas de verdad
Para cuentos o canciones sobre arañas

AUTOMÓVIL

Descripción:

Coger y mover un volante

Explicación:

Imita la acción de conducir

Posibilidades de uso:

Para coches, camiones y tractores de
    verdad o de juguete

Para fotografías de vehículos

Para pedir ir de paseo o a la calle

AVIÓN

Descripción:

Los brazos extendidos hacia fuera o
    describir con una mano abierta
    un movimiento descendente

Explicación:

Alude a las alas o a la acción de volar

Posibilidades de uso:

Para aviones reales y fotografías

Para hablar sobre un viaje en avión

BABERO

Descripción:

Tocarse repetidamente el pecho con
    una mano

Explicación:

Representa el movimiento de poner
    el babero o una servilleta para
    comer

Posibilidades de uso:

Para pedir un babero o servilleta

CABALLO

Descripción:

Brincar con el cuerpo o dar varias
patadas en el suelo

Explicación:

Imita el movimiento del jinete o el
de un caballo dando una coz

Posibilidades de uso:

Para pedir jugar al caballito

Para caballos de verdad, fotografías y
juguetes de caballos

CÁMARA DE FOTOS

Descripción:

Formar un círculo con los dedos y
colocar la mano sobre un ojo

Explicación:

Representa el visor de una cámara
sobre el ojo

Posibilidades de uso:

Para cámaras de fotos y videocámaras

Para pedir que le hagan una foto

CANGURO

Descripción:

Tocarse la barriga repetidamente con
ambas manos

Explicación:

Representa la bolsa de los canguros

Posibilidades de uso:

Para canguros de verdad en el zoo

Para fotografías y dibujos de canguros

CEBRA

Descripción:

Pasarse los dedos abiertos por el
  pecho

Explicación:

Representa las rayas características de
  la cebra

Posibilidades de uso:

Para cebras de verdad en el zoo

Para fotografías de cebras en libros y
  pósters

CEPILLO DE DIENTES

Descripción:

Pasar el dedo índice sobre los dientes
  frontales

Explicación:

Imita la acción de lavarse los dientes

Posibilidades de uso:

Para pedir que le laven los dientes

Para nombrar el cepillo de dientes

COCODRILO

Descripción:

Con las manos juntas en la muñeca,
  abrirlas y cerrarlas

Explicación:

Representa el cocodrilo que abre y
  cierra su boca

Posibilidades de uso:

Para cocodrilos y caimanes en el zoo

Para juguetes y dibujos en los libros

COLUMPIO
Descripción:
Balancear el cuerpo, con los puños
    levantados
Explicación:
Simula el columpio al moverse
Posibilidades de uso:
Para nombrarlos en el parque
Para pedir montarse en el columpio

CONEJO
Descripción:
Arrugar y desarrugar la nariz o hacer
    una V con dos dedos
Explicación:
Imita el movimiento de la nariz de
    un conejo o representa sus orejas
Posibilidades de uso:
Para conejos de verdad
Para fotografías o dibujos de conejos

DORMIR
Descripción:
Juntar las palmas a un lado de la cara,
    con la cabeza hacia ese lado
Explicación:
Representa el gesto de la cabeza
    sobre la almohada
Posibilidades de uso:
Para describir a alguien que duerme
Para pedir que lo acuesten

ELEFANTE
Descripción:
Un dedo o el dorso de la mano en la nariz, moviendo de arriba abajo

Explicación:
Representa la trompa de un elefante

Posibilidades de uso:
Para elefantes de verdad en el circo o en el zoo
Para fotografías y dibujos de elefantes en libros

ESTRELLAS
Descripción:
Con las manos hacia arriba, mover todos los dedos separados

Explicación:
Representa el tintineo de las estrellas

Posibilidades de uso:
Para indicar las estrellas del cielo o cualquier imagen de estrella, como la del árbol de Navidad o el Belén

FLOR
Descripción:
Oler arrugando la nariz (a distancia)

Explicación:
Imita el gesto de oler

Posibilidades de uso:
Para las flores del jardín
Para cualquier dibujo de flores

GATO
Descripción:
Acariciar el dorso de una mano con
    la otra o hacer una garra con la
    mano
Explicación:
Imita la acción de acariciar a un gato
    o la garra de un gato
Posibilidades de uso:
Para gatos de verdad o de juguete
Para fotografías o pósters de gatos

HIPOPÓTAMO
Descripción:
Con la cabeza hacia atrás, abrir
    mucho la boca
Explicación:
Imita la boca de un hipopótamo
Posibilidades de uso:
En el zoo y en dibujos de libros

JIRAFA
Descripción:
Frotar el cuello con la palma de la
    mano
Explicación:
Representa el cuello largo de la jirafa
Posibilidades de uso:
Para jirafas de verdad en el zoo
Para pósters o ilustraciones de jirafas

LIBRO

Descripción:

Juntar ambas manos con las palmas
hacia arriba, abriendo y cerrando

Explicación:

Imita el abrir y cerrar un libro

Posibilidades de uso:

Para nombrar libros y revistas

Para solicitar leer un libro

Para describir a alguien que lee

LLUVIA

Descripción:

Con las manos en alto y a los lados,
mover los dedos y bajarlas

Explicación:

Imita las gotas de lluvia al caer

Posibilidades de uso:

Para decir que está lloviendo

Para nombrar o pedir un baño

LUNA

Descripción:

Con una mano levantada, con la
palma hacia arriba, realizar
movimientos circulares

Explicación:

Representa la forma redonda de la
luna en el cielo

Posibilidades de uso:

Para hablar de la luna por las noches

Para luces grandes y redondas

MARIPOSA

Descripción:

Con las manos juntas y las palmas
hacia abajo, mover los dedos

Explicación:

Imita el movimiento de abrir y cerrar
las alas de una mariposa al volar

Posibilidades de uso:

Para mariposas de verdad

Para fotografías de mariposas en libros

MONO

Descripción:

Rascarse las axilas

Explicación:

Imita el rascado de los monos

Posibilidades de uso:

Para monos de verdad y de fotografías

Para juegos y canciones con monos

MONSTRUO DE LAS
GALLETAS

Descripción:

Llevarse la palma de la mano a la
boca, haciendo ruido al comer

Explicación:

Imita al personaje de Barrio Sésamo
cuando come galletas a puñados

Posibilidades de uso:

Para ilustraciones del personaje

Para el personaje en televisión

Para pedir ver el programa

ORDENADOR
Descripción:
Con las manos separadas y las palmas
hacia abajo, mover los dedos
Explicación:
Imita el teclear en el ordenador
Posibilidades de uso:
Para objetos con teclados: ordenadores,
pianos, máquinas de escribir
Para pedir usarlos

ORUGA
Descripción:
Extender y flexionar el dedo índice
Explicación:
Imita el movimiento de arrastrarse de
una oruga o un gusano
Posibilidades de uso:
Para orugas o gusanos
Para serpientes o víboras en el zoo

OSITO
Descripción:
Movimiento de abrazarse, cruzando
ambas manos sobre el pecho
Explicación:
Imita la naturaleza amorosa de los
ositos de peluche
Posibilidades de uso:
Para pedir su osito
Cuando quieren ver una película de
ositos (Winnie Pooh, Yogui)

PÁJARO

Descripción:

Aletear con los brazos a los lados

Explicación:

Imita las alas de un pájaro al volar

Posibilidades de uso:

Para pájaros en el parque, en
fotografía, en películas de dibujos
animados...

PATO

Descripción:

Abrir y cerrar los dedos extendidos
contra el pulgar

Explicación:

Imita el pico de un pato cuando hace
«cuac»

Posibilidades de uso:

Para patos del parque

Para juguetes y dibujos de patos

PERRO

Descripción:

Sacar la lengua, jadeando

Explicación:

Imita la respiración jadeante de los
perros

Posibilidades de uso:

Para la mascota de casa y otros perros

Para fotografías y juguetes

PEZ

Descripción:

Abrir y cerrar la boca repetidamente

Explicación:

Imita el movimiento de la boca de
los peces

Posibilidades de uso:

Para peces en el acuario

Para galletas en forma de pez

RANA

Descripción:

Sacar y meter la lengua varias veces

Explicación:

Imita el movimiento de la lengua de
una rana cuando atrapa a un
insecto

Posibilidades de uso:

Para hablar de la rana Gustavo, de
Barrio Sésamo

Para fotografías y dibujos en libros

Para nombrar el croar de una rana

RUIDO

Descripción:

Dedo índice apuntando hacia el oído

Explicación:

Representa el sonido que entra por
el oído

Posibilidades de uso:

Para nombrar cualquier ruido

Para indicar que quiere oír música

SOMBRERO/CASCO
Descripción:
Tocar repetidamente la cabeza con la
   palma de la mano
Explicación:
Representa el movimiento de
   ponerse un sombrero o un casco
Posibilidades de uso:
Para hablar de alguien que lo lleva
Para pedir que le pongan uno

TELÉFONO
Descripción:
Llevarse el puño al oído
Explicación:
Representa el gesto de coger el
   auricular con la mano
Posibilidades de uso:
Para decir que suena el teléfono
Para teléfonos de verdad y de juguete
Para indicar que alguien habla

TIGRE
Descripción:
Poner las manos como garras y hacer
   movimientos hacia abajo
Explicación:
Imita el movimiento de un zarpazo
   de un tigre, león u oso
Posibilidades de uso:
Para tigres en el zoo, en televisión
Para fotografías y dibujos de tigres

VELA/FUEGO
Descripción:
Llevar el dedo índice a la boca y
soplar sobre él
Explicación:
Imita la acción de apagar una vela de
un soplido
Posibilidades de uso:
Para velas encendidas o fuego
Para dibujos de un pastel de
cumpleaños
Para solicitar apagar una vela

VENTILADOR
Descripción:
Dedo índice hacia arriba
describiendo círculos
Explicación:
Imita el movimiento giratorio del
ventilador del techo
Posibilidades de uso:
Para ventiladores reales en casa o en
restaurantes
Para helicópteros

SEÑALES PARA PEDIR ALGO

Las señales ayudan al bebé a obtener lo que desea. Por ejemplo, cuando el bebé ha terminado todo el cereal de su plato, puede usar una seña para pedir «más» y comer otro poco. Las siguientes son algunas señas que nuestros bebés han usado para comunicar sus necesidades. Puedes probar éstas y también crear algunas propias. Asimismo, las señales para objetos descritas anteriormente también pueden utilizar-se para pedir esos objetos. Por ejemplo, tu bebé puede usar la señal del monstruo de las galletas para nombrarlo cuando lo ve por televisión. Pero si tu bebé mira el televisor cuando está apagado y su señal del *monstruo de las galletas*, posiblemente esté intentando decirte que quiere ver el programa de Barrio Sésamo. Ésta es su manera de usar una señal para un objeto para pedir algo específico.

ARRIBA
Descripción:
Dedo índice apuntando hacia arriba
Explicación:
Indica dirección hacia arriba
Posibilidades de uso:
Para pedir que lo aúpen
Para pedir subir (por ejemplo, las
    escaleras o un tobogán)

BEBER/BIBERÓN
Descripción:
Llevarse el pulgar a la boca,
    inclinándolo hacia arriba
Explicación:
Imita el movimiento de llevarse una
    bebida o biberón a la boca
Posibilidades de uso:
Para pedir el biberón
Para pedir agua o zumo

COMER/COMIDA

Descripción:

Llevarse los dedos hacia la boca

Explicación:

Representa el gesto de poner
   alimento en la boca

Posibilidades de uso:

Para pedir algo de comer

Para nombrar un alimento o hablar
   de alguien que está comiendo

ENTRAR/DENTRO

Descripción:

Meter los dedos de una mano a
   través de un círculo formado con
   la otra mano

Explicación:

Alude a meter una cosa dentro de otra

Posibilidades de uso:

Para pedir entrar en algún sitio

Para pedir meterse en la bañera

MÁS

Descripción:

Tocar repetidamente la palma de la
   mano con el índice de la otra

Explicación:

Representa el gesto de poner algo en
   la mano

Posibilidades de uso:

Para pedir más comida o bebida

Para hacer algo otra vez (como leer)

SALIR/FUERA

Descripción:

Mover el puño, girándolo

Explicación:

Imita el gesto de abrir una puerta
para salir

Posibilidades de uso:

Para pedir salir

Para hablar de gente u objetos que
están fuera

OTRAS SEÑALES ÚTILES

Las señales del bebé no necesitan pertenecer a alguna categoría
para ser útiles. Hay que recordar que cualquier cosa que os ayude
a ti y a tu bebé a comunicaros mejor es una seña útil. Si os gusta
describir los objetos, señales como *grande* y *pequeño* os serán útiles
para aumentar vuestra conversación. También puedes emplear señales del bebé para expresar emociones como *miedo o asustado*. No
debes preocuparte acerca del tipo de señales del bebé que crees.
Simplemente, haz señas creativas y que funcionen para vosotros.

¿DÓNDE?/NO SÉ

Descripción:

Con ambas palmas hacia fuera y
arriba, subir y bajar los hombros

Explicación:

Seña convencional de «No lo sé»

Posibilidades de uso:

Para preguntar dónde está algo o
alguien

Para responder a una pregunta

CALIENTE
Descripción:
Con la mano delante del cuerpo y la
   palma hacia abajo, retirar
   rápidamente la mano
Explicación:
Representa el gesto de tocar algo
   caliente
Posibilidades de uso:
Para indicar que la comida, la estufa
   o el agua del baño están calientes

GRANDE
Descripción:
Manos hacia arriba por encima de la
   cabeza
Explicación:
Representa la comparación con algo
   mucho más grande que él
Posibilidades de uso:
Para describir objetos grandes

MIEDO/ASUSTADO
Descripción:
Tocar repetidamente el pecho con
   una mano
Explicación:
Representa el corazón latiendo
   rápidamente
Posibilidades de uso:
Para indicar que está asustado
Para nombrar algo que da miedo

PEQUEÑO

Descripción:

Juntar los dedos índices y pulgar de
una mano

Explicación:

Representa un objeto pequeño

Posibilidades de uso:

Para describir cosas pequeñas

Para pedir una pequeña cantidad de
algo

SE ACABÓ

Descripción:

Mover la mano con la palma hacia
abajo de izquierda a derecha por
delante del cuerpo

Explicación:

Representa un espacio vacío

Posibilidades de uso:

Para avisar que la comida o la bebida
se acabó

Para decir que algo se perdió de vista
o se fue

Capítulo 10

La hora de hacer señales, la hora de cantar y jugar

A los bebés les gustan mucho las canciones de cuna y los juegos. Durante muchas generaciones, los bebés se han mostrado orgullosos aprendiendo poemas e historias de huevos que se caen de las paredes, vacas que brincan sobre la luna o ratones que pierden la cola. Cuanto más simples las historias, ¡mejor!

Entre algunos de los personajes favoritos de estas historias se encuentra la pequeña y pobre araña que nunca se rendía. Gran parte del atractivo de esa araña reside en que los bebés pueden representar su historia usando gestos y señas simples para las partes importantes del cuento. Kate, la hija de Linda, hizo la transición de estos gestos a señales del bebé comunicativas, y lo mismo puede hacer tu bebé. Inspirándonos en el cuento de la araña, hemos compuesto alrededor de una docena de poemas e historias, cada una diseñada para intercalar algunas señales del bebé en un contexto en que bebés y adultos podrán disfrutar enormemente.

La mariposa revolotea con sus
alas por ahí—

   (Mariposa— de izquierda a derecha)

Baja a las flores y sube hasta
el cielo.

   (Mariposa— abajo, luego arriba)

Las alas de la mariposa cosquillean
tus pies—

   (Mariposa— hacia los dedos de los pies)

¡Las alas de la mariposa van a tu nariz!

   (Mariposa— en la nariz)

El gato pequeñito está dormido.   *(Gato)*

Oye su ronroneo.   *(Gato)*

Suave, suave, acarícialo.   *(Gato)*

[*Jadear, jadear*] Dijo el perro
suplicándole a la pulga:
«¡No te rascaré más
   (*Rascarse*)».
si tú no me muerdes más!».
   (*Juntar pulgar con los dedos*)

Pajarito vuela rápido—   (*Pájaro— rápido*)
Pajarito vuela despacio—   (*Pájaro— lento*)
Pajarito vuela alto—   (*Pájaro— alto*)
Pajarito vuela bajo—   (*Pájaro— bajo*)
Pajarito vuela por aquí—   (*Pájaro— izquierda*)
Pajarito vuela por allá—   (*Pájaro— derecha*)
Pajarito vuela y vuela por doquier.
                                (*Pájaro— alrededor*)

Cuando salen las estrellas
 (Estrellas)
 y la luna comienza a brillar,
 (Luna)
apaga tu velita *[fuuu]*
 (Vela)
porque es hora de dormir.
 (Dormir)

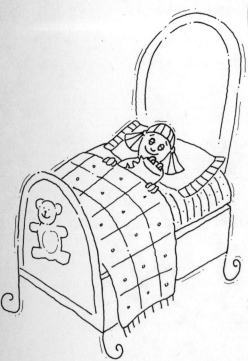

Una niña por la noche
preguntó a su osito:
 (Osito / Abrazo)
 «¿Dónde vas cuando
apago la luz?».
 (¿Dónde?)
«Duermo justo aquí, muy
cerca de ti.
 (Dormir)
 Te abrazo y te cuido
muy, muy bien.»
 (Osito / Abrazo)

Mi pequeño y lindo
cachorrito
corrió hacia mi lado,
con la lengua fuera,
y sacudiendo la cola de lado a
lado,
[Jadear, jadear, jadear]
hizo el cachorrito.
[Jadear, jadear, jadear] hice yo también,
porque para los pequeños cachorritos,
[Jadear, jadear, jadear] significa «¡Te quiero!».

Las orejas del conejo hacia ARRIBA—
        (Conejito)
        Las orejas del conejo hacia
        ABAJO—
        (Conejito— flexionando los
dedos*)*
        Las orejas del conejo
        se mueven por todos lados.
        (Conejito— moviendo los dedos)

Un último trago de agua.
      (Beber)
   Mi oso favorito— *(Oso)*
      Un regazo para recostarme—
      (Tocar el regazo)
   Y la vieja mecedora.
         (Mecer el torso)
   Un libro de gatitos.
            (Libro; gato)
      Una canción feliz— *(Abrazo)*
Y me voy soñando, soñando   *(Dormir)*
hasta alcanzar las estrellas.   *(Estrellas)*

Osito, osito,
      (Osito/Abrazo)
¡dame un abrazo!
Osito, osito,
      (Dormir)
y vamos a dormir.

Pajarito que estás en el árbol,   *(Pájaro)*
   qué lindo eres—
Aquí están tus alas,   *(Pájaro)*
   y aquí están tus ojos.   *(Señalar los ojos)*
Bajas conmigo
   mientras espía el gato.   *(Gato)*
Salta sobre ti, y vuelas, vuelas, vuelas. *(Pájaro)*

El niño quiere entrar.   *(Entrar)*
   La niña quiere salir.   *(Salir)*
Abren juntos la puerta   *(Rotar la muñeca)*
   y se cruzan al pasar.

        Ahora el niño quiere salir   *(Salir)*
        y la niña quiere entrar.   *(Entrar)*
        Acaban ambos por estar
        (Cruzar brazos, dedos índices
        extendidos)
        ¡justo donde estaban!

E*l Hipopótamo hambriento*

«¡Ahhh!», dijo el hipopótamo,   *(Hipopótamo)*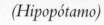

  «¡por aquí huelo una pizza!»

   Entró en el pueblo

   y pidió una con mucho queso.

    «¡Ahhh!», dijo el hipopótamo,   *(Hipopótamo)*

    viendo peras y manzanas.

      «¡Son perfectas para mi pizza! Ponedme dos de

ambas.»

«¡Ahhh!», dijo el hipopótamo,   *(Hipopótamo)*

cuando oyó toser a la gallina.

«Qué sabroso ingrediente, quiero tres de ellas.»

«¡Ahhh!», dijo el hipopótamo,   *(Hipopótamo)*

al ver monos en un árbol.

«Seguro que saben bien, quiero

cuatro de ellos también.»

«¡Ahhh!», dijo el hipopótamo,

(Hipopótamo)

cuando vio una vaca en patines.

«¡Qué final tan delicioso, quiero cinco y sin patines!»

Pero cuando por fin llegó su pizza

(Hipopótamo)

con una pila de vacas, monos y

manzanas, exclamó: «¡Puaj! Quiero

sólo una ensalada!».

Cuando la rana tiene
hambre,
lo que tiene que hacer
es sacar su lengua así:
[Slurp] (Rana)
¡Y ya pescó un mosquito!
Cuando el cocodrilo tiene hambre,
lo que tiene que hacer
es cerrar su boca así: *[Ñam] (Cocodrilo)*
¡Y ya pescó a la rana!

La *pequeña araña*
La araña pitsi pitsi
a un tubo se subió.
    (Araña, subiendo)
Vino la lluvia   *(Lluvia)*
y al suelo la arrastró.   *(Abajo)*
Luego salió el sol   *(Sol)*
y todo se secó.   *(Palmas hacia arriba)*
Y la araña pitsi pitsi   *(Araña, subiendo)*
de nuevo se subió.

[*Smack, smack*] Dicen los pececitos   *(Pez)*
nadando rápidamente.
[*Smack, smack*] dice el atún   *(Pez, calladito)*
¡[*Smack, smack*] dice la ballena!   *(Pez, voz alta)*

Mira al bebé en su
caballo
      (Bebé a caballo sobre la
      rodilla, cada vez más rápido)
brincando todo el día.
Rápido, rápido
galopa y se va.

¿Dónde, dónde se ha ido mi gatito?
(¿Dónde?)   (Gato)

¿Dónde, dónde, dónde puede estar?
(¿Dónde?)

Con sus orejas tan pequeñas
(Manos hacia las orejas)

y su cola larga, larga.
(Mano, siguiendo la silueta de la cola)

¿Dónde, dónde, dónde puede estar?
(¿Dónde?)

¿Qué pasará con las estrellas   *(Estrellas)*
al terminar la noche,   *(¿Dónde?)*
cuando desaparece la luna
y llega el día con su luz?   *(Luna)*
¿Se habrán escondido en el ropero?   *(¿Dónde?)*
¿Se habrán escondido en un cajón?   *(¿Dónde?)*
¿Habrán encontrado una camita
para dormir calentitas, calentitas?   *(Dormir)*

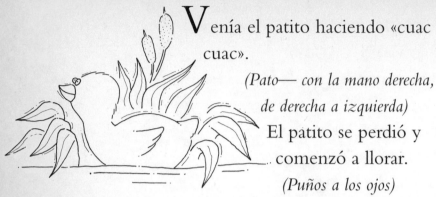

Venía el patito haciendo «cuac
cuac».

*(Pato— con la mano derecha,
de derecha a izquierda)*

El patito se perdió y
comenzó a llorar.

(Puños a los ojos)

El patito oyó a mamá pata decir «CUAC».

(Pato— con la mano derecha, de derecha a izquierda)

¡Y el patito regresó con su mamá!

(Pato— con la mano izquierda, de izquierda a derecha)

Entre las nubes—
se pierde el avión—
(Se acabó)

Entrando en el túnel—
también se pierde el tren
(Se acabó)

El agua de la bañera
(Agua)

¡desapareció también!
(Se acabó)

«¡Hay un bebé en mi bolsa!»,
    (Canguro)
dijo mamá canguro.
«Se esconde ahí porque es nuevo y
pequeñito.»   *(Pequeño)*
«¿Hay un bebé en tu bolsa?»,
    (Canguro)
preguntó el hermano canguro.
«¿Puedo brincar y meterme yo también?»   *(Entrar)*
«¡Eres demasiado grande!»,   *(Grande)*
dijo mamá canguro.
«¡Pero puedo darte un gran abrazo!»
    (Abrazar)

Tan alto como el árbol—
    (Mariposa en alto)
hasta mi rodilla—
    (Mariposa en la rodilla)
mariposa, mariposa,
    (Mariposa por todo el cuerpo)
vas volando por ahí.

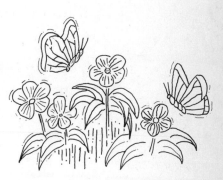

Un mono muy bobito   *(Mono)*
me ha llamado por teléfono.
    (Teléfono)
«¿Diga, diga? ¿Estás tu solito?
    Soy un mono muy bobito,
        (Mono)
        llamando desde el zoo.   *(Teléfono)*
«Si te sientes muy solito,
iré a visitarte.»
Pronto el mono tan bobito   *(Mono)*
llegó hasta mi casa.   *(Tocar la puerta)*
Trajo un plátano grande   *(Grande)*
¡y lo puso en la cocina!

La oruga estaba muy triste y dijo
    al pájaro: *(Oruga, puños a los ojos)*
        (Pájaro)
«Yo sólo puedo moverme,   *(Oruga)*
¡pero *tú* puedes volar!».   *(Pájaro)*

Conozco un loco
cocodrilo
   (Cocodrilo)
que quiere
comerse las
estrellas.   *(Estrellas)*
Piensa que son malvaviscos
sobre un gran chocolate.

Conozco un loco cocodrilo   *(Cocodrilo)*
que trata de comerse la luna.   *(Luna)*
Piensa que está hecha de queso
y quiere comerse todo eso.   *(Comer)*

Conozco un loco cocodrilo
   (Cocodrilo)
que quiere comerme a
¡MÍ!   *(Apuntar a uno mismo)*
Piensa que estoy hecho de
pan—
Y tiene razón, ¡tan tán!
   (Aplaudir)

«¡Más, más, más!»,   *(Más)*
gritó el pequeño Tomy Blas.
«¡Fuera, fuera, fuera!»,   *(Salir)*
gritó el pequeño Tomy Pera.
«¡Dentro, dentro, dentro!»,   *(Entrar)*
gritó el pequeño Tomy Lento.
¡Y empezaron todo otra vez!
    (Repetir las veces que se desee,
    cada vez más rápido)
«¡Más, más, más!»,   *(Más)*
gritó el pequeño Tomy Blas.
«¡Fuera, fuera, fuera!»,   *(Salir)*
gritó el pequeño Tomy Pera.
«¡Dentro, dentro, dentro!   *(Entrar)*
¡Y este juego se acabó!»   *(Se acabó)*

Las jirafas son muy altas—
    (Jirafa)
Y los pajaros son chiquitos—   *(Pájaro)*
Pero las pulgas pequeñitas
¡no te muerden los deditos!
    (Hacer cosquillas en los pies)

EL NIÑO Y SU MUNDO

Títulos publicados:

Juegos

JUEGOS PARA DESARROLLAR LA INTELIGENCIA DEL BEBÉ
SILBERG, J.

288 páginas
Formato: 15,2 x 23 cm. Rústica
El niño y su mundo 1

JUEGOS PARA DESARROLLAR LA INTELIGENCIA DEL NIÑO DE 1 A 2 AÑOS
SILBERG, J.

288 páginas
Formato: 15,2 x 23 cm. Rústica
El niño y su mundo 2

LOS NIÑOS Y LA NATURALEZA
Juegos y actividades para inculcar en los niños el amor y el respeto por el medio ambiente
HAMILTON, L.

200 páginas
Formato: 15,2 x 23 cm. Rústica
El niño y su mundo 6

300 JUEGOS DE 3 MINUTOS
Actividades rápidas y fáciles para estimular el desarrollo y la imaginación de los niños de 2 a 5 años
SILBERG, J.

192 páginas
Formato: 15,2 x 23 cm. Rústica
El niño y su mundo 9

JUEGOS PARA HACER PENSAR A LOS BEBÉS
Actividades sencillas para estimular el desarrollo mental desde los primeros días de vida
SILBERG, J.

144 páginas
Formato: 15,2 x 23 cm. Rústica
El niño y su mundo 11

Primera infancia

DIARIO DEL PRIMER AÑO DE MI BEBÉ

Guía práctica del desarrollo social, físico y cognitivo de tu hijo durante los doce primeros meses de vida

HARRIS, A. C.

224 páginas
Código: 87406
ISBN: 84-89920-82-6
Formato: 19,5 x 24,5 cm. Rústica
Libros singulares

REMEDIOS NATURALES PARA LA SALUD DEL BEBÉ Y EL NIÑO

ROMM, A. J.

304 páginas
Código: 86603
ISBN: 84-89920-15-X
Formato: 17 x 24 cm. Rústica con solapas
Manuales para la salud 2

LA LACTANCIA NATURAL

Guía práctica sobre la mejor manera de amamantar a tu bebé

LOTHROP, H.

304 páginas
Código: 86605
ISBN: 84-89920-79-6
Formato: 17 x 24 cm. Rústica con solapas
Manuales para la salud 5

EL ABC DE LA SALUD DE TU HIJO

Todo lo que los padres necesitan saber acerca de la salud de sus hijos

FELDMAN, W.

Código: 87115
ISBN: 84-95456-04-4
Formato: 19 x 22,8 cm. Rústica
El niño y su mundo 15

Convivir con niños

SIMPLIFICA TU VIDA CON LOS NIÑOS
*100 maneras de hacer más fácil y divertida
la vida familiar*
ST. JAMES, E.

264 páginas
Formato: 18 x 17,8 cm. Rústica
El árbol de la vida 6

EDUCAR NIÑOS FELICES Y OBEDIENTES
CON DISCIPLINA POSITIVA
Estrategias para una paternidad responsable
STOWE, V. K., Y THOMPSON, A.

240 páginas
Formato: 15,2 x 23 cm. Rústica
El niño y su mundo 10

CÓMO CONTAR CUENTOS A LOS NIÑOS
*Relatos y actividades para estimular la
creatividad e inculcar valores éticos*
RAINES, S. C., E ISBELL, R.

208 páginas
Formato: 19,5 x 24,5 cm. Rústica
El niño y su mundo 16

Meditaciones para niños

LUZ DE ESTRELLAS
Meditaciones para niños 1
GARTH, M.

120 páginas
Formato: 21,5 x 18,9 cm. Rústica
El niño y su mundo 3

RAYO DE LUNA
Meditaciones para niños 2
GARTH, M.

120 páginas
Formato: 21,5 x 18,9 cm. Rústica
El niño y su mundo 4

RAYO DE SOL
Meditaciones para niños 3
GARTH, M.

120 páginas
Formato: 21,5 x 18,9 cm. Rústica
El niño y su mundo 7

EL JARDÍN INTERIOR
*Meditaciones para todas
las edades, de los 9 a los
99 años*
GARTH, M.

120 páginas
Formato: 21,5 x 18,9 cm. Rústica
El niño y su mundo 8

LUZ DE LA TIERRA
Meditaciones para niños 4
GARTH, M.

120 páginas
Formato: 21,5 x 18,9 cm. Rústica
El niño y su mundo 12

EL ESPACIO INTERIOR
*Meditaciones para
todas las edades, de los
9 a los 99 años*
GARTH, M.

120 páginas
Formato: 21,5 x 18,9 cm. Rústica
El niño y su mundo 13

ENSEÑAR A MEDITAR
A LOS NIÑOS
FONTANA, D., Y SLACK, I.

240 páginas
Formato: 15,2 x 23 cm. Rústica
El niño y su mundo 5